CLAIRE JOYES

Zu Gast bei Claude Monet

Der große Impressionist als Gourmet
180 Rezepte aus seinen »Carnets de Cuisine«

Mit einem Vorwort von Joël Robuchon und
Photos von Jean-Bernard Naudin

WILHELM HEYNE VERLAG
MÜNCHEN

DANKSAGUNGEN

Die Autoren und der Verleger möchten ganz besonders herzlich Madame Nathalie Révillon danken, der Leiterin von Maxim's Traiteur, die mit viel Enthusiasmus und großer Sorgfalt die für diesen Band photographierten Gerichte so originalgetreu wie möglich zubereitete.

Mein Dank gilt all denen, die mir durch Leihgaben ermöglicht haben, die Atmosphäre im Hause Monet zu rekonstruieren: Les Cristalleries de Saint Louis, Haviland & Parlon, Gérard Danton, Alain Fassier, Christian Benais, Jean-Pierre de Castro, Constance Maupin, Madeleine Gely, Hubert Brugiére, Artémise & Cunégonde, Jean-Claude Romain, Pierre G. Bernard, Fanette, La Tuile à loup, Au Bon Usage, Au Puceron Chineur, Eric Dubois, Madame est servie, La Galerie Paramythiotis, Nathalie Mabille von der Crêperie de Villers-en-Arthies, Fauchon, Cassegrain, Ercuis.

Nanou Billault

Mein Dank gilt auch Monsieur Gérald Van der Kemp vom Institut, dem Konservator des Musée Claude Monet, Madame Gérald Van der Kemp für ihre unermüdliche Begeisterung für dieses Buch, Madame Claudette Lindsey für ihre großzügige, tatkräftige Hilfe sowie Madame Nathalie Mabille und Mademoiselle Catherine Gourdain.

Claire Joyes

INHALT

VORWORT

Ich habe einen großartigen Mann kennengelernt.

Ich verließ meine Heimat im Poitou und ging nach Paris, wo ich mir für meinen Beruf, den ich voller Begeisterung ausübte, bessere Chancen ausrechnete.

1980, als ich Küchenchef im Hotel Nikko war, besuchte ich das Haus von Claude Monet in Giverny – ein für mich unvergeßliches Erlebnis.

Der Garten mit seiner harmonischen Blütenpracht war eine Symphonie der Natur, und die Ausstattung des schönen Hauses war in sich so ausgewogen und einfallsreich, daß ich zutiefst davon beeindruckt war.

Besonders vor allem natürlich von dem großen, gelben Speisezimmer, das auf ein reges Familienleben mit vielen Gästen schließen läßt. Schon von Berufs wegen interessiere ich mich nicht nur für die Kochkunst, sondern auch für die Geräte, mit denen diese Kunst ausgeübt wird. Die große Küche mit ihrer einfachen Ausstattung – schlichte blaue Kacheln – ließ in mir Bilder von all den guten Speisen aufsteigen, die man hier liebevoll zubereitet hatte. Vielleicht sammelte ich hier unbewußt Ideen für das »Traum«-Restaurant, das mir damals für die Zukunft vorschwebte.

An jenem Tag kam mir plötzlich einmal der Gedanke ... Es müßte phantastisch sein, eines Tages die geheimen Rezepte dieser Familie zu erfahren und nachkochen zu können.

Mit der Entdeckung von Claude Monets Rezeptheften und deren Veröffentlichung durch Claire Joyes und Jean-Marie Toulgouat ging dieser Wunsch nun für mich in Erfüllung.

Die Rezepte zu bearbeiten, heutigen Verhältnissen anzupassen, war mir ein Riesenvergnügen; ich habe besonders darauf geachtet, daß sie für den Leser leicht nachzuvollziehen sind.

Um den Maler und über den Umweg seiner üppigen Küche seine Persönlichkeit besser kennenzulernen, habe ich viel über ihn gelesen und so die Bekanntschaft eines wahrhaft phantastischen Mannes gemacht, eines Menschen, der alle Wechselfälle des Lebens bestand.

Seine Freunde und Biographen erwähnen übereinstimmend, daß er einen sehr gesunden Appetit hatte, zudem ein richtiger Feinschmecker war, jedoch auch einige »Spleens« hatte. Für seine zahlreichen Gäste – wie Clemenceau, Renoir, Pissarro,

Durand-Ruel – und natürlich seine Familie tranchierte er Wild, Braten und Geflügel immer höchstpersönlich. Die Gänseleberpastete mußte unbedingt aus dem Elsaß stammen, und bei den Trüffeln kamen für ihn nur die aus dem Périgord in Frage. Ganz besonders gern aß er Fisch, vor allem die Hechte aus seinen eigenen Becken. Er besaß einen Gemüsegarten, der stets bestens in Schuß war, und pflanzte darin auch Gemüse aus Südfrankreich, Pilze und alle möglichen Kräuter an und legte Wert darauf, daß jeden Morgen bei Tagesanbruch frisch geerntet wurde.

Was mich bei seinen Rezepten besonders angenehm überraschte, war ihre Vielfalt, ihre »Vernunft«, ihre Einfachheit und gutbürgerliche Schmackhaftigkeit. Manche sind äußerst einfach, andere wieder hochkompliziert und fast schon professionell meisterhaft ... für die damaligen Zeiten eine tolle Leistung. Man darf nicht vergessen, daß es die vielen Küchengeräte, auf die wir heute gar nicht mehr verzichten können, damals noch nicht gab.

Für soviel Erfindungsgabe, für all die vielen guten Rezepte und die Rezepthefte, Zeugen einer Vergangenheit, in der die Kunst zu leben »alltäglich« war – Dank an Claude Monet.

JOEL ROBUCHON
Chef de cuisine
Restaurant Jamin
Mai 1989

Der Geschmack einer Epoche

Herbst 1900. Bei der Hochzeit von Marthe und Théodore Butler treffen sich Familie und Freunde.

TAFELFREUDEN DES FIN DE SIÈCLE

4. Februar 1884. Zum ersten Mal in meinem Leben eine Banane gegessen. Werde das nie wieder tun, bis zum Fegefeuer.

Jules Renard, *Tagebuch*

Man spürt auf Anhieb, ob ein Haus Esprit hat. Das von Monet ist bis in die letzten Details der Tafelfreuden hinein von diesem so seltenen Esprit geprägt. Der Maler fühlte sich in seiner Zeit zu Hause und kümmerte sich – zu sehr damit beschäftigt, selbst (ohne sich dessen recht bewußt zu sein) Geschichte zu machen – nicht weiter um die Vergangenheit. So spiegelt sein Haus und natürlich auch die in diesem Haus gepflegte Küche den Geist des Fin de Siècle wider.

Die Hefte, in denen die Rezepte des Hauses Monet niedergeschrieben wurden, enthalten denn auch kaum Anspielungen auf frühere Zeiten, von einigen unbewußten auf die Restauration und das Zweite Empire einmal abgesehen, doch die gehörten damals, in den 80er Jahren des 19. Jahrhunderts, noch zur jüngsten Vergangenheit.

Die kulinarischen Errungenschaften der 3. Republik schlugen im Hause Monet voll zu Buche und verbanden sich mit den ewigen Klassikern der Küche zu neuen Schöpfungen. Vor allem von den damals hoch im Kurs stehenden Gewürzen machte man auch bei den Monets reichlich Gebrauch – hier spielte sicher die moderne Technik mit eine Rolle; schnelle Dampfschiffe hatten die

Links: **In der Küche wird alles zum Tischdecken vorbereitet.** ***Nebenstehend:*** **Claude Monet, *Das Frühstück im Freien* (linker Teil), 1865–1866, Musée d'Orsay, Paris.**

alten Ochsenkarren auf den Gewürzstraßen abgelöst.

Monet liebte gutes Essen über alles. Doch im Gegensatz zu seinem Freund Whistler oder zu Alexandre Dumas junior, den er in Le Havre zusammen mit Courbet besuchte und natürlich vor den Kochtöpfen antraf, erfand Monet selbst keine Rezepte. Ja, soweit wir wissen, betrat er normalerweise nicht einmal die Küche. (Courbet und Dumas sollen übrigens danach häufig zusammen gekocht und gesungen haben!)

Was dachte Monet über die Küche? Er haßte Phrasen und hätte es sicher abgelehnt, über so etwas Elementares zu philosophieren: Gut essen war für ihn schlicht das Natürlichste auf der Welt. So wie Ärzte halb im Ernst und halb im Scherz erklären, das Herz könne keine seelischen Schmerzen empfinden, denn es sei nichts weiter als ein lebenswichtiges Organ für den Blutkreislauf, so behauptete Monet immer wieder, er male nur, was er sehe, und die Malerei könne man nicht erlernen, man müsse dazu geboren sein. Im gleichen Tone zwischen Aphorismus und Binsenweisheit hätte er vermutlich gesagt, es gebe nur eine Küche, nämlich eine gute, und diese diene einfach dem Zweck, sich schicklich zu ernähren.

Gut zu essen, das liebte er wohl schon immer, allerdings gibt es da über seine Jugend in Le Havre nichts Konkretes zu berichten. Seiner Mutter, heißt es, sei eine gute Gastgeberin gewesen und habe nach dem Essen die Anwesenden mit ihrer schönen Stimme unterhalten. Monet war jedoch noch nicht einmal zwanzig, als sie und mit ihr der Geist des Hauses in Le Havre starb; Erinnerungen daran hat er uns nicht überliefert. Als er etwas später bei den berittenen afrikanischen Jägern diente, einer in Algerien stationierten Einheit der französischen Armee, wurde er von den ersten Eindrükken aus dem Mittelmeerraum, der Landschaft und dem Licht so geprägt, daß er sich später immer wieder gerne daran erinnerte, doch über seine gastronomischen Erlebnisse in Algerien sprach er nie. Dabei muß er diese aromatischen Gerichte, die in Tongefäßen lange schmoren, oder die würzigen, so perfekt über Holzkohle gegrillten Spieße gemocht haben. War er da noch zu jung? Gibt es eigentlich einen bestimmten Augenblick im Leben eines Menschen, in dem man zum Gourmet wird?

Das über Le Havre und die Biwacks in Nordafrika Gesagte traf auch auf Argenteuil zu, wo er vier Jahre lang mit seiner ersten Frau, Camille, in einem reizenden Haus wohnte und seinen ersten Garten anlegte, der für Freunde und Gäste auch schon sehr einladend war.

Über diese »erste« Küche Monets wissen wir nichts — dabei halten wir es nicht für vermessen, von einer »ersten« Küche zu sprechen, denn mit dem Alter, mit der Erfahrung und den veränderten Lebensverhältnissen ändern sich selbstverständlich auch die Eßgewohnheiten, zumal, wenn wie im Hause Monet das Essen als sinnlicher Akt empfunden wird.

Monet, der, wie wir bereits betont haben, selbst nie zum Kochlöffel griff, hat keinem Gericht seinen Namen verliehen; er gab sich damit zufrieden, die Rezepte anderer so vollkommen wie nur möglich ausführen zu lassen.

Eigentlich schade, wenn wir einmal überlegen, welche Rolle im heutigen kollektiven Unterbewußtsein, um ein modisches Wort zu gebrauchen, ein Colbert, ein Soubise oder ein Richelieu oder aber, uns näherstehend, ein Talleyrand, ein Demidow oder ein Brillat-Savarin spielen, nur weil wir diese Namen mit köstlichen Gerichten in Verbindung bringen. Auch der Sieg Napoleons bei Marengo hat sich auf diese Weise in das Gedächtnis der Menschen eingegraben. Und wer denkt bei Erdbeeren nicht an Chardin oder bei Äpfeln an Cézanne?

Manch einem könnte die Ernährungsweise im Hause Monet banal erscheinen – zu Unrecht. Genauso absurd wäre es, den Besitz eines Autos im Jahre 1895 als banal zu empfinden. Beide Haltungen lassen die geschichtlichen Voaussetzungen außer acht.

Jedes Jahr versammelt sich die Familie, die sich für den Automobilsport und Picknicks begeistert, beim Rennen an der Côte de Gaillon.

Der harte Kampf, den er führen mußte, um seine Malerei durchzusetzen, ständige Geldsorgen, die auch mit zunehmender Bekanntheit nicht abnehmen wollten, und die beschränkten Raumverhältnisse, unter denen er bei seiner Arbeit litt, haben Monet lange daran gehindert, seine Vorstellungen von Lebensart und -stil in die Realität umzusetzen. Erst in Giverny, das er 1883 entdeckte, nahm die Küche der Monets Form an. In erster Linie war dafür Alice Hoschedé, seine zweite Frau, verantwortlich. Mit ihr zusammen gründete er einen irgendwie neuen, »einfachen, natürlichen« Lebensstil.

***Oben:* In Giverny trinkt man häufig den Champagner Veuve Cliquot.**

Ihre Küche beschränkte sich jedoch nicht darauf, die Produkte aus Gemüsegarten und Geflügelhof so gut wie nur möglich zu verwerten. Im Hause Monet wurden auch viele Rezepte nachgekocht, die das Ehepaar von Restaurantbesuchen mitbrachte oder von Freunden übernahm – Schriftstellern, Sammlern, Malern und Schauspielern –, die mit ihren Gerichten in viele moderne Kochbücher Eingang fanden.

Sie wollten auf dem Lande wohnen, dennoch nicht in der »Provinz«. Giverny ist keines dieser Häuser auf dem Lande, wo man sich von den Anstrengungen der Großstadt erholt, die aber ansonsten verschlossen bleiben. Ihr Leben dort ist eine glückliche Mischung aus bewußt einfach gestaltetem Landleben mit all den Beschäftigungen, die dazugehören, und der unabhängigen, freien Lebensart, die die Bewohner der großen Metropolen auszeichnet. Während des berühmten Fin de Siècle herrschte in unseren Küchen noch eine gewisse Unordnung; die Kunst der feinen Küche machte ihre ersten, noch tastenden Gehversuche, und auch über die Art der Menüzusammenstellung und des Servierens konnte man sich noch nicht einig werden.

In dieser Epoche war es leichter, die Verfassung eines Staates zu ändern als die Eßgewohnheiten seiner Bürger, zählte mehr, welche Mengen man verschlang; nur einige wenige Schöngeister riefen vergebens zu mehr Zurückhaltung und weniger Völlerei auf.

Man kann sich heute kaum vorstellen, welch gewaltiger Weg auf diesem Gebiet innerhalb kürzester Zeit zurückgelegt wurde. Wir lächeln heute beim Gedanken daran, welch unerhörter Luxus die Schokolade war,

***Rechts:* Das Haus am Ende der Allee. Wie immer die verschwenderische Farbenpracht der Blumen.**

die anläßlich der Hochzeitsfeierlichkeiten von Maria-Theresia und Ludwig XIV. als große Kostbarkeit gereicht wurde, oder an Voltaires vornehm formulierte Verwünschungen, als ihm ein Kalbsbries gesalzen (und nicht gezuckert) serviert wurde; es liegt noch gar nicht so lange zurück, da waren Süßspeisen aus Rüben oder Endivien bei großen Diners an der Tagesordnung. Während die Tomate, um ein weiteres Beispiel zu nennen, zur Zeit der Renaissance ihren Siegeszug durch Zentraleuropa antrat, eroberte diese Verkörperung südländischer Ernährung in Frankreich nur sehr langsam das Rhônetal, so daß sie erst zur Zeit der Revolution von den »Frères provençaux«, die sich im Palais Royal niedergelassen hatten, in Paris angeboten wurde; dank diesen Mönchen machten die Bewohner der französischen Hauptstadt auch zum ersten Mal Bekanntschaft mit der Brandade de morue, einem »Stockfisch-Püree«. Und erst die Kartoffel, auf die heute niemand mehr verzichten kann und will! Seit langem als Zierpflanze bekannt, wurde sie unter Ludwig XVI. im Périgord zum ersten Mal als Nahrungsmittel angepflanzt und kam zuerst, von den verrücktesten Saucen begleitet, bei den vornehmen Herrschaften auf den Tisch; der niedere Pöbel war erst während der Hungersnot im Jahre 1811 bereit, Kartoffeln zu essen.

Mitte des 19. Jahrhunderts wurde bei einem eleganten Diner fast noch nie Käse angeboten; zumindest tauchte er auf keiner Speisekarte auf. Auch die Weine, die man zum Essen reichte, hielt man nicht fest; die Weinkellner verrieten den Gästen in ihrer unendlichen Güte, unverständlich flüsternd, allenfalls die Namen der Gewächse. Man trank eben, was ausgeschenkt wurde. Eine Ausnahme von dieser Regel soll hier jedoch nicht unerwähnt bleiben: Talleyrand, dieser große, unermüdliche Diplomat Frankreichs, verhalf dem Brie während des Wiener Kongresses zu einem glanzvollen Entree.

Über Geschmack läßt sich bekanntlich streiten; trotzdem schaudert es uns heute, wenn wir lesen, daß zu den Nachspeisen, die dem französischen Präsidenten Carnot 1888 bei einer Zugfahrt in die Dauphiné serviert wurden, auch so schreckliche Dinge gehörten wie eine Mehlpastete, die nicht nur dem Präsidenten mundete, sondern auch Monet und seinen Zeitgenossen. Das war damals eben so, es ging alles viel langsamer, gemütlicher zu. Und es dauerte eben seine Zeit, bis die aufregend leichten Rezepte, die in Häusern wie dem Maison Dorée, dem Café Anglais oder Chez Hardy erfunden wurden, auch ihren Weg in die bürgerlichen Küchen fanden … Und wenn überhaupt, dann tauchte sofort ein zweites Problem auf: Woher die frischen Produkte bekommen, die man brauchte? Vor allem die Versorgung mit frischen Seefischen und Krustentieren war ja nicht immer gewährleistet.

Damals mußte eine Hausfrau schon außerordentlich viel Organisationstalent entwickeln; wenn es ihr jedoch gelang, tatsächlich frische Ware auf den Tisch zu bringen, war ihr höchstes Lob sicher.

Beim Gedanken daran, wie wir heute leben, daß wir in Paris japanisch essen und in Tokio französisch, und daß Paris nur aufgrund der vielen Leute aus der Provinz zu der Gourmet-Metropole wurde, die sie heute mit ihren vielen, so abwechslungsreichen Restaurants mit ihren regionalen Küchen ist, wie seltsam muß uns dann die Tatsache anmuten, daß man damals Erbsen nicht zu transportieren wagte, da sie dabei ihren zuckrigen Geschmack verlören (was wir gerne glauben). Heute transportieren wir Erbsen und verkaufen sie trotzdem als frisch. Und »hausgemacht« ist wohl das Wenigste von dem, was als »hausgemacht« verkauft wird.

Monet in seinem Garten. Auch Monet unterliegt dem Hang seiner Zeit für gerade Linien in Gärten.

DER RUNDE SALON

Und dies verblich'ne Pergament, von Chlodwig Eve vergoldet, beschwört vergangne Anmut, die Seele ihres Odems, den Schatten ihres Traums.

José Maria de Heredia

Eines der Zimmer im Schloß von Rottenbourg, die Rotonde oder das runde Zimmer, führte dazu, daß Monet und Alice zusammentrafen, eine folgenschwere Begegnung, die nur in einem jener Gebäude stattfinden kann, die mehr Macht über uns haben als wir über sie.

Zur Vorgeschichte: Der Kunstkritiker Albert Wolf behauptete im *Figaro,* fünf, sechs Maler, darunter sogar eine Frau, Berthe Morisot, nähmen an einer von Paul Durand-Ruel organisierten Ausstellung teil, seien alle ausnahmslos verrückt, ja, einen dieser Irren habe man sogar am Ausgang der Ausstellung verhaften müssen, da er Passanten gebissen habe ... und so weiter. Gastgeberinnen, die etwas auf sich hielten, rissen sich daraufhin um diese »Verrückten«; der leidenschaftliche Kunstsammler und Mäzen Ernest Hoschedé schenkte dem dummen Gerede hingegen nicht weiter Beachtung. Er wußte, daß die impressionistische Malerei nicht unbedingt etwas mit Irrsinn zu tun hatte, wußte damals allerdings noch nicht, daß allzu große Sammelleidenschaft – gleichgültig in welcher Stilrichtung! – zum Ruin führen kann ...

Links: **Die berühmten Seerosen im Hochsommer im Garten von Giverny.**

Folgende Doppelseiten: **Blick auf den Garten im Sommer: »Nicht weit von Paris entfernt, befindet man sich am Ende der Welt.«**

Alice Raingo, seine junge Frau, stammte aus einer außerordentlich wohlhabenden Familie. Die Raingos besaßen eine bedeutende Bronzegießerei und stellten gleichzeitig luxuriöse Uhren aller Art her, mit denen sie die europäischen Höfe und natürlich auch die Tuilerien belieferten. Auch die Werkstätten von Jacob Petit gehörten zu ihrem Reich, und die Familie genoß hohes Ansehen in der belgischen Kolonie der französischen Hauptstadt. Ernest verbrachte viel Zeit damit, das Schloß von Rottenbourg, das Alice nach dem Tod ihres Vaters erbte, fürstlich auszustatten. Er beauftragte Monet mit der Dekoration des großen, runden Salons. Als der Maler im September 1876 auf Schloß Rottenbourg südlich von Paris eintraf, erregte er großes Aufsehen; in ihren leider viel zu kurzen Memoiren beschrieb Blanche (eine Tochter von Alice Hoschedé) diesen Tag wie folgt:

Niemand bemerkte damals die ersten Risse, die das Gebäude bedrohten ... Monet, der sich auf dem Land immer wohlfühlt, hatte wieder einmal keinen Sou in der Tasche, ist glücklich, seine Sorgen gegen das Leben auf dem Schloß und die angenehme Aussicht, im Schloßpark zu malen, eintauschen zu können.

Der Schloßgarten strahlt mit seinen zu streng angelegten Blumenrabatten, seinen der Villa Medicis in Rom nachempfundenen Vasen und den Gebäuden im Stil Hu-

bert Roberts einen eigenartigen, etwas linkischen Charme aus.

Das junge Paar ist sehr gastfreundlich, lebt auf großem Fuß und gibt zum Entsetzen beider Familien das Geld mit vollen Händen aus.

Ernest hält sich viel in Paris auf, kümmert sich indes weit entschiedener um den Erwerb seltener Kunstwerke als um seine Geschäfte; Alice und die Kinder leben hauptsächlich in dem kleinen Städtchen Montgeron südlich von Paris, in dem das von Alice so geliebte Schloß Rottenbourg liegt. Die mondäne, recht exaltierte, sehr fromme, das heißt, eher mystische Alice ist eine aufmerksame und fröhliche, dabei sehr sensible und leicht niedergeschlagene Gastgeberin. Heute würde man sie als innerlich zerrissen und depressiv bezeichnen. Sie liebt das Leben auf dem Lande, braucht aber ständig Menschen um sich; so treffen in Rottenbourg ständig Gäste aus dem nahegelegenen Paris ein.

Ernest, ihr Mann, gehört zu den ersten Sammlern der neuen Stilrichtung und bezahlt, großzügig, wie er ist, gute Preise, was Monet sehr zustatten kommt. Hoschedé muß sich dann hin und wieder, wenn die finanziellen Sorgen zu groß werden, von manchen seiner Schätze wieder trennen.

Dabei spielt sicher eine Rolle, daß Alice und Ernest ihre Träume oft für Wirklichkeit halten und sich als großzügige Gastgeber zu Ausgaben hinreißen lassen, die in keinem Verhältnis zu ihrem Einkommen stehen. So mietet Ernest für seine Gäste Sonderzüge vom Pariser Bahnhof Gare de Lyon bis nach Montgeron ...

In Rottenbourg ist alles ein wenig zu verrückt und ein wenig zu brillant. Alice kleidet sich bei Worth ein und kauft ihren Schmuck bei Froment-Meurice; selbst die unbedeutendste Handtasche muß aus einem Luxusgeschäft stammen.

Menschen eher bürgerlichen Zuschnitts harmonieren hier ausgezeichnet mit den Vertretern der Avantgarde; in Rottenbourg hängen Bilder impressionistischer Maler wie Sisley, Manet und Monet einträchtig neben Familienporträts von J.-J. Henner, Carolus Duran, Benjamin Constant und Baudry.

Ein typischer Vertreter des Pariser Großbürgertums ist Carolus Duran, ein unterhaltsamer Mann, der an nichts, vor allem nicht an sich selbst zweifelt — und damit vielleicht sogar recht hat, denn er ist sehr talentiert. Er verkehrt in vielen Salons und gehört zu den vielbeschäftigten Porträtisten der guten Pariser Gesellschaft — übrigens verdanken wir ihm eines der wenigen überlieferten Porträts von Monet. Darüber hinaus ist er sehr charmant und redegewandt (mit dem Nachteil vielleicht, daß er andere kaum zu Wort kommen läßt), kann tanzen, reiten, mit Pistolen umgehen, singen und Klavier und Orgel spielen, kurz, er erfüllt alle gesellschaftlichen Ansprüche des Fin de Siècle auf das vortrefflichste. Ganz in der Nähe wohnend, verbringt er viele Abende in ihrer Gesellschaft. Zeit seines Lebens ist er Monet sehr verbunden.

Zu den Avantgardisten gehört dagegen der Verleger Charpentier, der *La Vie Moderne* gründet, eine ausgezeichnete Zeitschrift, die gerade aufgrund ihrer Qualität zu einem Schattendasein verurteilt ist. Charpentier hat eine geniale Idee: Er fordert Maler auf, in den Redaktionsräumen seiner Zeitschrift auszustellen, in der damaligen Zeit ein wagemutiges Unterfangen. Renoir und Monet nehmen sein Angebot an.

Es ist schwierig, in Rottenbourg mit seiner ständigen Kirmes-Atmosphäre zu arbeiten. Doch als aufmerksamer Gastgeber denkt Ernest an alles und weist Monet im Park ein in der Art einer Orangerie gebautes Gebäude als Atelier zu. Er überläßt Monet die Wahl des Themas und bittet ihn nur, das Schloß oder das, was er für den herrschenden Geist des Schlosses hält, für die Nachwelt zu verewigen – als hätte Hoschedé die kommenden Katastrophen geahnt.

Monet wählt für den runden Salon die weißen Truthähne, die sich frei im Park bewegen, die Dahlienrabatten in der Nähe des Weihers, den Weiher selbst und später dann eine Jagdszene in einem Gehölz mit Ernest im Vordergrund, wobei die Personen allerdings nicht ausschlaggebend sind. Monet hält sich lange auf dem Schloß auf und arbeitet auch viel; es ist nicht überliefert, ob Camille ihn dort je besucht. Erst nach seiner Rückkehr nach Paris freunden sich die Familien Hoschedé und Monet wirklich an. Die Kinder Monets und Hoschedés besuchen zusammen regelmäßig den Park Monceau, in dem einige Jahre später Marcel Proust und die reizenden Schwestern Benardaky aus der *Suche nach der verlorenen Zeit* spielen sollten.

Während Monets Aufenthalt in Montgeron gerät Alice zum ersten Mal in finanzielle Schwierigkeiten. Ernest kommt immer seltener nach Rottenbourg, und wenn er kommt, macht er einen immer abwesenderen Eindruck. Monet ist der einzige, der die Monotonie ihres Lebens mit den Kindern und Angestellten als einzigen Gesprächspartnern unterbricht. Alice hat alle Muße, ihren Gatten, der im Grunde ein großes Kind ist, mit diesem einfachen, aber soliden Maler zu vergleichen.

Der Ruin droht immer offensichtlicher. Trotz allem kauft Ernest Monet auch im darauffolgenden Jahr drei weitere Bilder ab.

Am 18. August 1877 ist Ernest gezwungen, Konkurs anzumelden. Bis in den September hinein muß man sich mit so schrecklichen Dingen wie Inventuren und Zwangsvollstreckungen abgeben.

Nach vielen Widerwärtigkeiten, die zum Teil kaum zu ertragen sind, quartieren sich im Frühjahr 1879 die ruinierten Hoschedés und ihre sechs Kinder Marthe, Blanche, Suzanne, Jacques, Germaine und Jean-Pierre samt Zimmermädchen, Lehrerin und Köchin in Vétheuil bei Camille und Claude Monet ein, die, finanziell gesehen, selbst große Schwierigkeiten haben.

Leben in Giverny

Oben: **Monet und Butler brechen zum Markt auf, ein wichtiges, wöchentlich stattfindendes Ritual.**

DIE ATMOSPHÄRE IM HAUS

Aus den Trümmern des Palastes baute ich meine Hütte.

SULLY PRUDHOMME

Camille stirbt in Vétheuil; wie zu erwarten, trennen sich Ernest und Alice. Die fromme und ehrbare Madame Hoschedé, so bemüht um ihren guten Ruf, nimmt eines Tages allen Mut zusammen, kümmert sich nicht um einen möglichen Skandal und lebt ganz offen mit Monet zusammen, dessen Söhne Jean und Michel sie großzieht. Ihre Liebe zu Monet war allerdings bereits seit längerer Zeit kein Geheimnis mehr.

Mit ihren acht Kindern – das jüngste ist noch nicht einmal fünf Jahre alt – ziehen sie Ende April/Anfang Mai 1883 nach Giverny. Der Umzug zieht sich über eine Woche hin und fällt in eine Zeit, in der wieder einmal finanzielle Schwierigkeiten Monet bedrängen. Ihre vier Boote lassen sie über die Seine zu ihrem neuen Haus bringen, während das übrige, gewaltige Umzugsgut über Land herbeigeschafft wird. In ihrem Gepäck befindet sich die beste Waffe, mit deren Hilfe sie sich dem Unbekannten stellen können: ihr ungezügelter Lebenshunger und ihre schon an Leichtsinn grenzende Fähigkeit, Unangenehmes verdrängen zu können. Nicht mehr dabei sind die Köchin und die Lehrerin; nur Alices Zofe besteht auch nach dem Verkauf von Rottenbourg darauf, bei ihrer Herrin zu bleiben, und verzichtet sogar auf ihren Lohn …

Links: **Der Eingang zum Haus.**
Oben: **Der mit Pflanzen überwucherte Balkon des Hauses.**

Alices Entscheidung zwischen einem ruinierten Mäzen und einem mittellosen Künstler war sicher nicht einfach; jetzt tauschte sie ein Schloß gegen einen kleinen, umgebauten Bauernhof …

Zu Beginn ahnten Monet und Alice noch gar nicht, welches Glück Giverny für sie bereithielt: sie hatten keine direkten Nachbarn, und ihr Garten war auf allen Seiten von einer hohen Mauer umgeben, was die Entstehung eines bestimmten Mikro-Klimas begünstigte, auch psychologisch gesehen.

Monet hätte es gar nicht besser treffen

können: Das langgestreckte Haus machte einen leicht spießigen Eindruck, als sie es bezogen, doch für einen Maler konnte es gar nichts Besseres geben als diese breite, nach Norden gerichtete Front, die zum Arbeiten das beste Licht gewährleistete, während der Wohnteil nach dem Süden ausgerichtet war. Hinter dem Haus lag ein Hügel mit Obstbäumen, die in voller Blüte standen, als sie einzogen; der Vorgarten war mit wilden Blumen und Gräsern überwuchert, behütet von mächtigen, uralten Weiden. Zwischen dem Chemin du Roy und dem Fluß fuhr täglich ein wunderschöner, kleiner Zug, und in den nahegelegenen Waschhäusern tauschten die Frauen des Dorfes den neuesten Klatsch aus.

Man lebte ganz nah bei Paris und trotzdem am Ende der Welt!

Das Haus wurde von den Vorgängern so übernommen, wie es war, und lange nicht umgebaut; Monet und Alice beschränkten sich lediglich auf einige praktische Veränderungen. Sie kannten die Tugenden von wildem Wein und Kletterrosen und wußten, daß sie auch die angefressensten Mauern veredeln. Die vielen Nebenräume und -gebäude erleichterten das Zusammenleben der großköpfigen Familie.

Die Umgebung war hinreißend, doch was sollte man mit diesem Garten mit seinen Koniferen und der allzu strengen Geometrie nur anfangen? Da bot der Gemüsegarten mit seinen blühenden Pflaumenbäumen weniger Probleme.

Der Garten war riesig; unterstützt von den Kindern, säte Monet gleich nach dem Umzug Blumen- und Gemüsesamen. Für die Tafel und die vielen Vasen im Haus war gesorgt, so daß Monet sich bei schlechtem Wetter Blumenstilleben mit Chrysanthemen, Mohn, Klatschmohn und Sonnenblumen widmen konnte. Noch im Sommer des gleichen Jahres ernteten sie Salate, Spinat, Erbsen und Radieschen, obwohl der Umzug und die Neueinrichtung viel Zeit verschlangen und Monet sich in erster Linie um sein neues Atelier kümmerte.

Ihre heißgeliebten Boote – ein gemächliches Ruderboot mit rundem Bug, zwei Sportboote und das Atelierboot – verankerten sie gegenüber der »Brennessel-Insel« in der Seine; niemand hätte gedacht, daß die Insel ihnen eines Tages gehören würde. Viel später bat Monet Suzanne, auf der Insel für sein berühmtes Bild *Frau mit Sonnenschirm* Modell zu stehen.

Schon sehr bald setzten in Giverny gewaltige Metamorphosen ein – verständlich, denn im Grunde war das Haus sterbenslangweilig. Nur: Die Verwandlung eines einfachen Bauernhofes in ein modernes Babylon kostete natürlich Geld, und Monet und Alice hatten alles Mögliche im Überfluß, nur kein Geld. Die Lösung des Problems war einfacher als gedacht: Von den Sammlern einmal abgesehen – Monet verkaufte damals bereits mehr, als gern behauptet wird – wurden sie von einem in Paris lebenden und arbeitenden Kunsthändler unterstützt, dem die Impressionisten alles oder doch fast alles verdankten: Paul Durand-Ruel.

Seine Familie fragte sich schon bald, ob Paul noch recht bei Sinnen war, denn Durand-Ruel, Händler, aber auch Mäzen, Bankier und Schatzmeister, *der* Monsieur Durand von Renoir, Sisley, Pissaro, Monet und vielen anderen, kaufte Hunderte von Bildern dieser Künstler auf, die zum Teil noch nicht einmal fertig waren, und sicherte so deren Existenz, obwohl es schwierig war, ihre Bilder zu verkaufen, denn sie waren ihrer Zeit weit, viel zu weit voraus. Monets Lieferanten sprachen in der Galerie vor, und Durand-Ruel bezahlte nicht nur die Farben, Leinwände und Rahmen, sondern auch das Schulgeld für die Kinder und Monets Schneider – der Maler legte nämlich großen Wert darauf, unter allen Umständen korrekt gekleidet zu sein.

So verwandelte sich das Ocker der Wände in ein dunkleres Rosa, die Fensterläden erhielten einen neuen Anstrich – Monet wählte ein Veronese-Grün –, ein neuer Holzbalkon wurde um das ganze Haus gezogen und über dem Vorratskeller eine neue Küche eingerichtet; die Scheuer verwandelte sich in ein Atelier, und über dem Atelier wurden zwei Zimmer ausgebaut. Küche und Atelier, zwei »heilige« Orte in Giverny, wurden als erstes in Angriff genommen und besonders liebevoll ausgestattet.

Folgende Doppelseite: Die Küche in ihrem strahlenden Hellblau. Neben dem Atelier eine der heiligen Stätten im Haus.

Für die Wände wählen sie helle Pastell-Töne – bis auf das Speisezimmer, das einen kräftigen, gelben Anstrich bekommt und von dem aus man in ein ganz in Blau gehaltenes Zimmer gelangt. Die Farben aller Räume, auch die der Küche und der Diele, werden von Monet sorgfältig aufeinander abgestimmt und stellen, von Kobaldblau, Krapprot und Weiß ausgehend, eine stetige Steigerung dar. Er spricht lange mit dem Maler aus dem Dorf darüber, der die Arbeiten ausführt und einige Zeit braucht, bis er sich von seiner Verblüffung wieder erholt hat.

Im Treppenhaus, den kleinen Gängen, die zu den Zimmern führen, den beiden Wasch-Kabinetten und dem Bad mit seiner riesigen, beinahe rührend anmutenden Heizschlange, in der das Heißwasser zubereitet wird, verwendet Monet »englischere« Farben; Blau und Rot werden hier mit etwas Weiß gebrochen, während die Zimmer der Mädchen in starken, lebendigen Farben gehalten sind. Die Wände von Alice und Claude Monets Privaträumen dagegen sind mit zusammengenähten Damaststoffen bespannt.

Die Küche wird ohne Unterlaß erneuert und »modernisiert«, bis sie jenen Komfort aufweist, der an der Schwelle zum I. Weltkrieg von einer gutsituierten, bürgerlichen Familie erwartet werden darf. Ihr hellblauer Lack ist genau auf die Farbe der blauen Kacheln aus Rouen abgestimmt, mit denen in der Gegend die Küchen wie die Kamine traditionsgemäß ausgelegt sind und die so gut zu den Kupferkesseln und -kasserollen passen, die für die vielköpfige Familie gebraucht werden. In der Küche, in der am Abend eine Hängelampe aus weißem Porzellan ihr weiches Licht verbreitet, verzichtet man auf störende Vorhänge, so daß der Blick ungehindert in den Garten schweifen kann.

Links: **Die Eismaschine, unverzichtbares Instrument zur Herstellung des Bananen-Eises, das zu Weihnachten gereicht wurde.**
Oben: **Blaue Seerosen im Garten.**

Der große Herd nimmt natürlich den Ehrenplatz ein; bei seinem Anblick wird jeder »Eingeweihte« leicht sentimental: Beinahe andächtig und ehrfürchtig nähert man sich diesem Monument der Gastlichkeit und des körperlichen Wohlbehagens, von dem alles abhängt, denn es ist äußerst kompliziert, bei diesen Modellen die richtigen Temperaturen »einzuhalten«. Manche Gerichte müssen bei niedrigsten Temperaturen stundenlang sachte köcheln, während für andere, vor allem, wenn Fleisch angebraten werden soll, ein Höllenfeuer benötigt wird. Und im mit feuerfesten, die Hitze abstrahlenden Kacheln ausgelegten Ofen sollen die Temperaturen ja möglichst immer gleich bleiben.

FLORIMONDS GEMÜSEGARTEN

Als wachsamer Hüter von Obst und Salat verteidige ich diesen Ort gegen freche Diebe.
JOSÉ MARIA DE HEREDIA

Rituale bestimmen das Familienleben; mit ihnen werden Häuser groß und gehen wieder unter.

Monet kümmert sich um alles und zieht sich keineswegs in seinen Elfenbeinturm zurück, während Alice und später dann nacheinander die Töchter Marthe und Blanche mit Hilfe von für immer festgeschriebenen Ritualen das Haus regieren. Verwirrend, diese beinahe benediktinerhafte Strenge, mit der in Giverny der zeitliche Ablauf des Tages eingehalten wird (wobei, da mache man sich nichts vor, der »maßgebliche« Benediktiner Monet selbst ist). Dabei ist der Alltag da ja eigentlich kaum äußeren Zwängen unterworfen. Die Beobachtung von Rosenkäfern hat darin ebenso Platz wie Fahrradausflüge, Photographieren, Rudern, Picknicks und die Latein- und Botanikstunden, die Abbé Toussaint erteilt.

Links: **Die Pfirsiche stammen aus dem von Florimond gepflegten Obstgarten.**
Oben: **Claude Monet, *Stilleben mit Melone,* 1876, Gulbenkian Museum.**

Niemand hat eine genaue Vorstellung davon, wie lang ein halbes Jahrhundert wirklich ist; man weiß nur, daß es sich um eine ziemlich lange Zeitspanne handelt. In der Rückschau verwirren sich die Ereignisse, die man erlebt hat, und man fragt sich, wann und wie sich die Gewohnheiten des Tagesablaufs herausgebildet haben, die den Stil und den Geist eines Hauses prägen.

Alice und Claude leben in großer Harmonie und Zuneigung miteinander, und auch ihre Dienstboten werden in den Kreis der Familie mit einbezogen, obwohl die »Herrschaften« es durchaus verstehen, eine gewisse Distanz zu wahren. Gärtner und Köchinnen lösen einander ab, bis endlich die gefunden sind, die die Speisen so zubereiten, wie Monet sie mag, und den Garten so pflegen, wie es sich der Maler vorstellt: Marguerite* regiert in der Küche, Felix im Garten, Sylvain im Keller, im Atelier und vor allem über die Kutschen und später dann über die Garage, Florimond im Gemüsegarten, und Paul kümmert sich im Garten wie im Haus um besondere Aufgaben, die Monet nur ihm anvertrauen will.

* Die Autoren kannten sie gut.

Nebenstehend: **Claude Monet, *Korb mit Weintrauben,* Paris, Privatsammlung.**
Unten: **Germaine und Sisi brechen zu einem Picknick auf die »Brennesselinsel« auf.**

Dicht bei der Küche befindet sich der Geflügelhof, wo zu Beginn auch einige Truthähne großgezogen werden, allerdings keine weißen wie in Rottenbourg, sondern schwarze. Diese Zucht wird jedoch schon bald aufgegeben, denn im Grunde kann niemand in der Familie Truthähne ausstehen.

Enten dagegen gibt es reichlich, und natürlich fehlt das unerläßliche Entenbecken nicht; ganz in der Nähe befindet sich sogar ein zweites, in dem Wasser zum Bewässern des Gartens aufgefangen wird. Bei den Bekken befindet sich dichtes Gesträuch und selbst eine Trauerweide, so daß die Entendamen ungestört Nester bauen und Eier ausbrüten können – merkwürdigerweise sind diese sonst so zutraulichen Tiere bei der Nachwuchspflege sehr scheu. Nanteser Enten leisten indischen Laufenten, bei denen die Weibchen ausgezeichnete Eierlegerinnen sind, Gesellschaft; beide Rassen müssen sich ständig gegen die Übermacht der Khaki-Campbell-Enten wehren, die sich unverhältnismäßig schnell fortpflanzen, während die kleinen Mandarin-Enten nur als Augenweide dienen. Barbarie- und Rouen-Enten gibt es im Monetschen Geflügelhof nicht; der Maler findet sie zu fett.

Monet kümmert sich höchstpersönlich um die Qualität des Geflügels, verbringt enorm viel Zeit mit der Auswahl der Enten und Hühner, die seinen Geflügelhof auffrischen sollen, und scheut auch weitere Reisen nicht, da er die Bauern des Dorfes im Verdacht hat, bei der Aufzucht ihres Geflügels nicht so wählerisch zu sein, wie er es gerne hätte.

So nimmt es nicht wunder, daß bei Monet vier verschiedene Hühnerrassen gezüchtet werden, darunter auch die Houdans, die ausgezeichnete Eierlegerinnen sind, und die schwarzen Bresse-Hühner, die hervorragendes, saftiges Fleisch liefern. Ab und zu gesellen sich zu ihnen sogar Fasane.

Im allgemeinen kümmert sich einer der Gärtner um den Geflügelhof, doch wann immer sie es einrichten kann, füttert Blanche (bis 1947) das Geflügel höchstpersönlich. Paul, Marguerites Mann, ein Bauer, der wie sie aus dem Departement Berry stammt und inzwischen zum Kammerdiener und Maître d'hôtel aufgestiegen ist, ist dabei beauftragt, die Eier einzusammeln und über die Zucht zu wachen, eine nicht immer einfache Aufgabe, bei der ihm die in seiner Jugend erworbenen Kenntnisse sehr zustatten kommen. Er führt eine Art »Stammbuch«, denn gerade für den Ertrag an Eiern, die vor allem während des Winters bei der Ernährung im Hause Monet eine große Rolle spielen, ist es wichtig, dem Geflügelhof von Zeit zu Zeit frische Hähne zuzuführen. Außerdem wacht er darüber, daß keine der Hühner- oder Entenrassen die Oberhand bekommt, sondern immer ein harmonisches Gleichgewicht gewahrt bleibt.

Im Frühjahr überwuchert die Kapuzinerkresse die Allee. Im Hintergrund erkennt man das Portal.

Glücklicherweise haßt Monet Kaninchen und ißt einzig Hasen; so gibt es in Giverny keine Kaninchenställe. Und auch keine Taubenschläge: Die Tauben werden entweder bei Duboc oder bei Ledanois gekauft, zwei Züchtern in der Nachbarschaft, die die strengen Ansprüche Monets erfüllen. Das Vogelhaus in der Nähe des zweiten Ateliers ist im Grunde nur eine Art »Krankenstation«, in der verletzte Vögel gepflegt werden und einige im Grunde artfremde Vögel als »Pensionäre« Unterschlupf finden, so die Möwen, die Monet für die »Kleinen« von der Belle Ile hat kommen lassen. Michel und Jean-Pierre, die »Kleinen«, haben so den besten Vorwand, nicht für die Schule zu arbeiten, sondern fischen zu gehen, denn schließlich müssen die Möwen ja ernährt werden … Auch als die Möwen freigelassen werden, bleiben sie in Giverny in Monets Garten und sind für Jim Butler, Suzannes Sohn*, einer der ersten bleibenden Eindrücke von dieser Welt.

* Gleichzeitig der Onkel von Jean-Marie Toulgouat.

Im Hause Monet hat alles seine Ordnung, auch der Gemüsegarten Florimonds, ein Meisterwerk seiner Gattung, ohne den man sich in den Augen Monets nicht schicklich ernähren kann. Der Maler ist zu Recht stolz auf ihn. Er hält diesen Gemüsegarten für genauso wichtig wie den Blumengarten, den Geflügelhof, den körperreichen, von Sylvain in Flaschen abgezogenen Wein, die im großen Becken blühenden Seerosen, einen gut geschnittenen Anzug, die ausgezeichnete Küche Marguerites sowie gute Bücher im Atelier-Salon.

Der Gemüsegarten liegt am anderen Ende des Dorfes, ist einen Hektar groß, auf allen Seiten von einer Mauer umgeben und genauso ausgerichtet wie der Blumengarten: Der ganze Grund wird von der Sonne gleichmäßig bestrahlt. Die Neigung des Geländes ist allerdings etwas stärker, dafür ist die ganze Anlage quadratischer, was die Aufteilung in genau voneinander abgetrennte Beete erleichtert.

Hier ist alles erlaubt, ja, empfohlen, was im Garten um das Haus strikt verboten ist: ein strenger geometrischer Grundriß, gerade verlaufende Wege, die rationelles, schnelles und möglichst kräftesparendes Arbeiten ermöglichen.

An der sonnig gelegenen Mauer wachsen Spalierbäume, zwei Birnensorten, die Doyenné du Comice und die Beurré d'Hardempont; durch eine kleine Allee von ihnen getrennt freistehende Apfelspalierbäume, die die für den gestürzten Apfelkuchen unentbehrlichen Reine des Reinettes liefern. Außerdem gibt es noch Kirschbäume aus Montmorency mit langstieligen und kurzstieligen Früchten, Reineclaudebäume und Mirabellenbäume, deren Früchte zu Kompott verarbeitet oder in Alkohol eingelegt werden, und schließlich noch einige Quittenbäume.

Florimond wohnt in dem Haus in der Rue du Chêne; häufig helfen ihm ein oder mehrere Gärtner aus der Rue du Pressoir, dem Haupthaus, denn wegen der vielen ver-

Oben: **Das Haus im Sommer mit dem blühenden Garten.**
Rechts: **Der Hecht mit Buttersauce für das sonntägliche Mittagessen.**

schiedenen Gemüsesorten, die in Monets Garten angebaut werden, kann er die Arbeit einfach nicht alleine schaffen. Vor allem die Zeremonie des täglichen Gießens ist sehr zeitraubend, zumal die alte Pumpe oft mehr Lärm als Wasser produziert.

Monets Wunsch gemäß werden nicht nur die im Pariser Becken heimischen Gemüse, sondern auch welche aus dem Mittelmeerraum angebaut, und wer die Ansprüche und den gesunden Appetit der vielköpfigen Familie kennt, weiß, daß Florimond wahrlich nicht zuviel Platz zur Verfügung hat.

Monet kauft auf allen Reisen Samen und Pflanzen, tauscht mit anderen Gärtnern und versucht sich in der Zucht empfindlichster Pflanzen, als ob er das Klima in Giverny herausfordern wollte. Höchstpersönlich blättert er die Gartenbau-Kataloge durch und gibt die Bestellungen auf, ob es sich um Samen, Pflanzen, Töpfe, Glashauben zum Schutz empfindlicher Pflanzen wie Melonen oder um Roggenstroh handelt, mit dem die Beete im Winter geschützt werden.

Er besteht auch darauf, daß man der jahrhundertealten Tradition folgt und Wurzelgemüse, Blattgemüse usw. in Gruppen zusammenfaßt. In Florimonds Gemüsegarten herrscht tadellose Ordnung; die Töpfe mit den Frühaussaaten und die Glashauben sind streng ausgerichtet, genau wie die Furchen für die Topinambur, die vor allem als Zierpflanze angebaut wird, und die Gräben zur Aufbewahrung verschiedener Gemüsesorten wie Rotkohl, für den Monet schwärmt. Alles ist hier genau reglementiert, und an rechten Winkeln fehlt es wahrlich nicht. Die Stangenbohnen bilden regelrechte Alleen, die verschiedenen Kohlsorten lösen einander ordentlich ab, genau wie die verschiedenen Salate und Spinatarten. Zur Abgrenzung der Beete werden Kräuter und Gewürze wie Rosmarin, Thymian, Schnittlauch, Bohnenkraut (vor allem für die dicken, weißen Bohnen), Sauerampfer und natürlich Petersilie angepflanzt. Salbei und Oregano geben mit ihren blauen Blüten harmonische Farbtupfer ab, während sich einzig der empfindliche Estragon dem Willen zur Ordnung entzieht: Man muß ihn da wachsen lassen, wo er sich wohlfühlt.

Rechts: Monet und seine Schwiegertöchter mit den ersten in Giverny eingetroffenen amerikanischen Malern.

Folgende Doppelseite: Im Garten ist genügend Platz für Bankette und die Erfordernisse einer gepflegten Küche. Monet pflanzte nicht nur Blumen, sondern auch Gemüse und Kräuter.

Der geschützte, in Terrassen aufgeteilte Teil des Gemüsegartens ist den Pflanzen aus dem Süden vorbehalten, die in der Gegend normalerweise nicht angebaut werden. Hier finden sich alle möglichen Tomatensorten, rote, gelbe, auch die kleinen Kirschtomaten, die Artischocken »Vert de Provence«, die jung und roh gegessen werden, Auberginen, rote und grüne Paprika, Zucchini, Sau- und Puffbohnen, verschiedene Knoblauchsorten und die köstlichen kleinen, weißen Zwiebeln aus Ägypten, die in Essig eingelegt werden.

Florimond hat eine wahrlich ausgezeichnete Hand für den heute kaum mehr aufgetragenen Knollenziest, den Monet vergöttert, und er ist sehr stolz, ab Mitte Februar bereits die ersten Radieschen, runde Karotten, Kopfsalat oder kleine Blumenkohlköpfe, die zumindest für eine Dubarry-Suppe taugen, liefern zu können. Im übrigen zittert er vor Monet, der sehr zornig werden kann, wenn das Gemüse nicht rechtzeitig geerntet wird — eine sehr heikle Aufgabe. Jeden Morgen wählt er das am Vorabend von der Küche bestellte Gemüse aus, auch sonntags, wenn der Eintopf zubereitet wird, Basis für die während der Woche benötigten Bouillons und Consommés.

Marguerite nimmt die Gemüse in Empfang, deren Namen die Landkarte Frankreichs nachzeichnen: Kartoffeln Quarantaine de la Halle oder Abondance de Montvilliers, die halblangen Karotten aus Croissy, Bleichsellerie aus Chemin, Lauch Monstrueux de Carentan oder Gros de Gennevilliers, weiße Rüben aus Meaux …

Beim Abschreiten von Florimonds Gemüse-Alleen passiert man überraschenderweise zuerst die schnellwachsenden Erbsen aus Annonay, die hier Vortritt haben vor denen des Prince Albert, der wiederum aufgrund einer der komischen Zwischenfälle der Geschichte dem Herzog von Albanien vorausgeht …

Monets Samenkataloge erinnern an geographische und historische Nachschlagewerke für vielköpfige Familien, in denen das Loire- und das Seine-Tal eine besondere Rolle spielen. (Übrigens: Damals wurde vor den Toren von Paris auf den Flächen, auf denen sich heute Fabriken und Trabantenstädte aneinanderreihen, noch fast alles Gemüse und Obst angebaut, das die Hauptstadt zu ihrer Versorgung benötigte.)

MONET UND ALICE, EIN STIL

Déjeuner du 12 novembre 1902
Turbot sauce hollandaise – Crevettes
Cuissot Chevreuil chasseur
Dindes rôties
Pâté de foie gras
Salade Vénitienne
Ecrevisses
Praliné
Glaces – Nelusko – Alhambra

Die Speisekarte des Festessens anläßlich der Hochzeit von Germaine Hoschedé und Albert Salerou.

DER FAMILIENTISCH

Ich habe mein Haus unter den Menschen gebaut; der Lärm von Pferden oder Kutschen belästigt mich nicht.
Warum das so ist?
Ist das Herz reserviert, herrscht Abgeschiedenheit.

T'AO YÜAN-MING

Links und oben: Auf dem sonntäglich gedeckten Tisch das blaue Geschirr mit den japanischen Motiven aus der Manufaktur von Creil.

Alice und Monet schirmen ihr Refugium scharf gegen das Dorf ab; auf der einen Seite das lärmende Giverny, auf der anderen Seite dieser Ort, den Monet liebt, den er gesucht hat, dieser Ort, der im Rhythmus der Jahreszeiten mit den unvergänglichen Ritualen lebt und atmet.

Alice regiert im Haus, das heißt, sie erträgt die Launen Monets, zieht acht Kinder groß, von denen keines eine besondere Begabung aufweist, organisiert und überwacht die Arbeit der Hausangestellten, empfängt viele Verwandte aus ihrer Familie und viele Freunde sowie die Händler Monets, versteht es, als Frau von Welt immer die richtigen Worte zu finden, weiß, welches Essen sie für welchen Gast auftragen läßt, wann sie beeindrucken soll und wann sie sich lieber zurückzuhalten hat mit diesen kleinen Paradoxen, die sie so selbstsicher beherrscht: mit natürlicher Einfachheit viel Geld, sehr viel Geld für Dinge auszugeben, die gar nicht teuer aussehen, auf gar keinen Fall teuer aussehen dürfen.

Ihre Rolle als Hausherrin nimmt sie stark in Anspruch: So hat sie den Speiseplan für jeweils eine Woche im voraus aufzustellen und dafür nicht nur mit Monet Rücksprache zu halten, sondern auch an die besonderen Vorlieben der erwarteten Gäste zu denken – Alice führt genau Buch über die Eßgewohnheiten der regelmäßig in Giverny verkehrenden Gäste – und täglich die Mengen Gemüse zu bestellen, die Florimond ernten soll. Mit Delphine regelt sie die Wäscheprobleme, bespricht, welche Vorhänge gewaschen und mit dem schweren, eisernen Bügeleisen gebügelt werden sollen, welche Wäschestücke zur Näherin gebracht werden müssen, die im Dorf wohnt und allgemein nur die Flickerin genannt wird;

gleichzeitig paßt sie auf, daß die Servietten mit den Bienenwaben- und die mit dem Gerstenkorngewebe auseinandergehalten, die Handtücher mit dem Familienwappen richtig sortiert und die Geschirrtücher sorgfältig von den Gläsertüchern, die alle rot gekennzeichnet sind, getrennt werden. Ein besonderes Augenmerk wirft sie auf die richtige Aufbewahrung der Tischdecken, die in mit Rollen versehenen Spezialschränken gelagert werden: richtig aufgerollt, bekommen sie keine Falten.

Sie kümmert sich auch um den Einkauf: jeden Samstag spannt Sylvain an und fährt sie zum Markt nach Vernon; andere Aufgaben wie den täglichen Einkauf von frischem Brot und Zeitungen erledigt er allein; öfters wird er auch zu einem Gemüsehändler nach Limetz geschickt, um die ersten Spargel oder diese köstliche Brunnenkresse zu besorgen, die sogar im Stadtwappen von Vernon auftaucht.

Selbstverständlich überwacht sie auch die Vorräte im Putzschrank, der von Sylvain regelmäßig aufgefüllt wird und in dem Spanisch Weiß, Sommières-Erde und das Tripoli aufbewahrt werden, mit denen man die Kupferkessel auf Hochglanz poliert, ebenso das Panama-Holz für die feine, dunkle Wäsche und der Sumatra-Kampfer zur Bekämpfung der Motten, die sich sonst über den Inhalt der zahlreichen Truhen auf dem Speicher in Giverny hermachen würden.

Dann muß sie rechtzeitig daran denken, in Vernon die Handwerker zu bestellen, die regelmäßig den Parkettboden abziehen, und laufend darauf achten, daß der riesige Vorratsschrank im Régencestil aufgefüllt wird, in dem die kostbaren Küchenzutaten, die nicht in Giverny selbst hergestellt werden, gelagert sind: Konserven, Tee von Kardomah, dem berühmten Pariser Händler, Olivenöl aus Salon de Provence, Cayenne-Pfeffer, Safran, Paprika, Zimt, Kümmel usw.

Erst wenn sie diese täglichen Aufgaben hinter sich gebracht hat, kann sie sich um die Post kümmern und Monet daran erinnern, rechtzeitig das graue Briefpapier mit ihrem Briefkopf, das sie in ungeheuren Mengen verbrauchen, Tinte und Goldstaub zu bestellen. Und immer wieder sind die verschiedenen Speiseservice zu kontrollieren, denn es ist kaum zu glauben, wieviel Geschirr in einem solchen Haushalt zu Bruch geht!

Nebenstehend: **Monet, von Sacha Guitry aufgenommen, 1913.**

Rechts: **Claude Monet, *Das Frühstück*, 1868, Städelsches Kunstinstitut, Frankfurt.**
Folgende Doppelseite: **Der Frühstückstisch. Bei Reisen nach England und Holland lernte Monet ein ausgiebiges Frühstück schätzen.**

So verstreicht der Vormittag immer atemberaubend schnell, und erstaunt hört man den kleinen Zug vorbeifahren, nach dem man seine Uhr stellen könnte, denn er ist äußerst pünktlich, auch wenn die Jungen ihn ab und zu unterwegs aufhalten und ihre Kanus einladen, um einige Schleusen zu umgehen. Man kann den Jungen übrigens nur raten, pünktlich nach Hause zu kommen, denn Monet wird gegen elf Uhr eintreffen und ungeduldig darauf warten, bis es endlich Essenszeit ist. Punkt halb zwölf Uhr ruft der Gong die ganze Familie zusammen; verspätet er sich auch nur um Sekunden, beginnt Monet, nervös zu husten, und in der Küche bricht Panik aus ...

Die frühe Essenszeit hat einen einfachen Grund: Nur so kann Monet das beste Nach-

Oben: **Monets Schreibtisch in Giverny.** ***Nebenstehend:*** **Monet im großen Atelier bei der Arbeit an den Großen Dekorationen für die Orangerie.**

mittagslicht zum Malen nutzen. Der unwahrscheinlich energiegeladene Maler steht immer noch häufig schon vor dem Morgengrauen auf und schaut von seinem Schlafzimmerfenster aus zum Hügel, der ihm als »Barometer« dient, in der Hoffnung, den bläulichen Schleier zu entdecken, der einen schönen Tag verspricht.

Anschließend duscht er unter dem verblüfften Auge von Cézannes »Neger«, der in seinem privaten Badezimmer hängt, eiskalt, bevor er in das Speisezimmer geht, wo ein kräftiges Frühstück auf ihn wartet, das er in der Regel mit Blanche teilt, die in einem Schubkarren Leinwände und Staffeleien dahin bringt, wo Monet malen will.

Häufig gehen sie auch zum Atelier-Boot, während im Haus die anderen Bewohner langsam wach werden, und der Tag mit seinen vielen kleinen Aufgaben beginnt.

Diese erste, ausgiebige Mahlzeit hat sich Monet während seiner Reisen durch England und Holland angewöhnt; natürlich auch bei seinen Aufenthalten in kleinen Provinzgasthöfen in Frankreich, wo im Gegensatz zu den Städten beim Frühstück ebenfalls kräftig zugelangt wird.

Während sie Eier mit Schinken, gegrillte Würstchen und holländischen Käse oder Stilton und gegrillten Toast mit Orangenkonfitüre essen und dazu Tee trinken, hören sie aus der Küche bereits die vertrauten Geräusche: der Herd wird angeheizt und die ersten Vorbereitungen für das Mittagessen getroffen.

Glücklicherweise erschüttern im Laufe der Jahre einige Neuerungen das starre Schema des immer gleichen Tagesablaufes, diesen Versuch, die Zeit aufzuheben.

Nach fünf, sechs Stunden Vormittagsarbeit, die in der Regel im Freien und nur allzu häufig bei feuchter Witterung stattfindet, ist das Mittagessen um elf Uhr dreißig eine willkommene Abwechslung; auch für die übrigen Familienmitglieder ist das Mittagessen die Hauptmahlzeit, zu der auch die Gäste eingeladen werden. Niemand käme auf die Idee, am Abend zum Diner zu bitten. Auch das liegt an Monet: Er geht spätestens um halb zehn ins Bett, um am nächsten Morgen frisch zu sein. Wird es einmal ausnahmsweise später, verliert er den Kopf. In einem Brief aus der Creuse berichtet er einmal, als ob es sich um ein regelrechtes Drama handele, wie er erst um zehn Uhr zum Abendessen kam, weil er vorher seinem Freund, dem Dichter Maurice Rollinat, bei einem Konzert in der Kirche von Fresselines zugehört hatte …

Der mit dem beruhigenden, blauen Geschirr gedeckte Tisch und die Aussicht auf ein gutes Mittagessen versetzen Monet in der Regel in beste Laune, doch wehe, wenn er einmal mit seiner Vormittagsarbeit unzufrieden war! Häufig werden ihm, kommt er nach Hause, ängstliche Blicke zugeworfen, denn die Art, wie er geht, verrät, ob er mit sich zufrieden ist oder nicht.

Auf alle Fälle ist es ratsam, ein perfekt zubereitetes Essen aufzutragen: Besonders heikel ist er, was sein Gemüse anbelangt, und eine Sauce, die nicht nach seinem Geschmack geraten ist, vermag ihn richtig in Harnisch zu bringen. Merkwürdigerweise macht er persönlich der Köchin nie Vorhaltungen, sondern überträgt diese Aufgabe der Hausherrin.

Dabei spielen sich im Speisezimmer, in dem die Familienporträts durch Landschaftsbilder und Radierungen ersetzt worden sind, des öfteren recht burleske Szenen ab. Erwähnen wir hier nur einen tragikomischen Vorfall: Marguerite geht an einem Tag alles schief, und erst in letzter Sekunde stellt sie fest, daß sie gerade dabei ist, statt Bananeneis ein aus grobem Salz hergestelltes Eis servieren zu lassen … Eine Geschichte, die immer wieder Heiterkeit auslöst …

Wie jeder, so hat auch Monet seine Marotten. Paul serviert in gestreifter Weste bei Tisch; Monet allerdings läßt es sich nicht nehmen, einem alten Brauch folgend, selbst bei Tisch Wild, Geflügel und Braten zu tranchieren. Für die Enten hat er eine eigenwillige Zeremonie erfunden: Er schneidet die Flügel ab, bestreut sie mit Muskatnuß, zerstoßenem Pfeffer und grobem Salz und reicht sie Paul, damit dieser sie wieder in die Küche zurückbringt, wo sie bei höllischer Glut kurz übergrillt werden. Auch bei den Salaten verfährt er höchst merkwürdig, ob es sich um Endiviensalat mit Knoblauch und gerösteten Weißbrotwürfeln handelt oder um Löwenzahnsalat mit kleinen, gebratenen Speckwürfeln oder um Portulak: Paul hält einen großen Löffel, in den Monet grob zerstoßenen Pfeffer und grobes Salz gibt und dann mit Olivenöl und wenig Weinessig auffüllt. Paul gießt den Inhalt über den Salat und mischt gut durch. Niemand außer Monet und Blanche, die alles mag, was Monet mag, kann diesen entsetzlich scharfen Salat essen, der schwarzgesprenkelt ist vor lauter Pfeffer. So gibt es immer zwei verschiedene Salatschüsseln. Auch bei Spargel, den Monet fast roh wünscht, muß die Köchin für den Rest der Familie eine Extraportion auftragen lassen.

Oben: Salat wurde immer zweimal gereicht. _Rechts:_ Das Haus, durch die Bäume gesehen. _Folgende Doppelseite:_ Der sonntäglich gedeckte Tisch. Jeden Tag wurde pünktlich um 11.30 Uhr zu Mittag gegessen.

So merkwürdige Weine wie der »Cailloutin de Giverny«, der Steinbeißer aus Giverny oder der »Picolo d'Argenteuil« sind bei Monet, der auf gute Weine viel Wert legt, verpönt. Sylvain kümmert sich um den Burgunder und den Bordeaux – die Adressen der Lieferanten stammen von Pissarro und Durand-Ruel. Doch auch die nicht ganz so noblen, aber doch reinen Weine aus dem Loire-Tal und die etwas herben aus Chanturgue, in denen übrigens die roten Bohnen gekocht werden, finden Monets Beifall. Und den Champagner füllt man vor dem Servieren merkwürdigerweise (vom heutigen Standpunkt aus) in Karaffen um …

Nach dem Essen wird im Atelier-Salon der Kaffee serviert und dazu beinahe rituell der hausgebrannte Pflaumenschnaps in kleinen, runden, aus Norwegen mitgebrachten Gläsern gereicht.

Monet hält es nie lange beim Essen aus. Die einzelnen Gänge werden schnell hintereinander serviert, und er hat sogar Anweisung gegeben, nicht nachzureichen, wenn sein Schwiegersohn Theodore Earl Butler, dessen Langsamkeit ihm auf die Nerven geht, zu Gast ist …

Alice und die Töchter ziehen sich in den malvenfarbenen Salon zurück, der gleichzeitig als Bibliothek dient, während Monet weiterarbeitet und erst um sieben Uhr, wenn der Gong zum Abendessen ruft, aufhört.

PICKNICKS UND FESTESSEN

Vom Auto aus hat man kaum Muße, die Blätter der verschiedenen Bäume miteinander zu vergleichen. Und man sieht die Blüten in den Hecken nicht ... Die vorbeifliehenden Bäume sind Bäume, nichts weiter ... und sie galoppieren, galoppieren. Octave Mirbeau »*La 628-E8*«

Oben: **Bei zahlreichen Picknicks werden richtige Tische im Freien aufgebaut.**
Links: **In den Körben befinden sich Lebensmittel, Pasteten, Terrinen ...**

Nach und nach ändern sich die Dinge, auch wenn die grundsätzliche Einstellung zum Leben gleichbleibt. Monet arbeitet wie ein Besessener an seinem Garten, auch wenn sie keinen Park mehr zur Verfügung haben wie früher in Rottenbourg. Dafür spielt der kleine Zug nach Giverny in ihrer persönlichen Mythologie eine entscheidende Rolle, genau wie ihre verschiedenen Boote und Automobile ... Auch die Picknickkörbe sind wichtig, das Sammeln der Morcheln und die Jagdausflüge, die Besuche von Caillebotte oder Mirbeau, die meistens auf der Seine anreisen, die Ausflüge nach Paris und während des Sommers die vielen Besucher, die sich trotz aller Bemühungen, Monet soweit wie möglich nicht bei der Arbeit zu stören, einstellen. Langsam, aber unaufhaltsam haben sich einige grundlegende Veränderungen ergeben.

Das Haus lebt im Rhythmus der Jahreszeiten, vor allem aber in dem von Monets Ausstellungen. Die Kinder sind groß, heiraten und verlassen das Haus. Endlich bringen um die Jahrhundertwende vier Enkelkinder

Trubel in die Ruhe des heiteren Gartens: Lily, die Tochter Suzannes, wird in der von der Ziege Nanny Goat gezogenen Kutsche spazierengefahren, Jims Tiger brüllen und Sisis sowie Nitous Puppen (die Töchter von Germaine, Marine genannt) durchleben Dreißig-Sekunden-Dramen, die von heftigen Lachanfällen abgelöst werden.

In der Nähe der Linden entsteht ein zweites und 1916 am anderen Ende des Besitzes ein drittes Atelier. Nach und nach spannt Gaston Baudy immer seltener die Pferde ein, um samstags zum Markt zu fahren, sonstige Besorgungen zu erledigen, Gäste abzuholen oder zu dem Gasthof zu bringen, der seinen Namen trägt. Schnellere Transportmittel werden eingesetzt, auch wenn die Geschwindigkeit sich noch in Grenzen hält.

Neben dem schwarzen Zimmer und der Remise, in der die Fahrräder, Angelruten und verschiedenen Fischnetze für Krebse, große Flußfische und Aale, denen man in der Ru nachstellt, aufbewahrt werden, wird eine richtige Garage mit einer Grube für eventuell notwendig werdende Reparaturen eingerichtet, zur Freude von Michel und Jean-Pierre, die in die knatternde und stinkende Mechanik der ersten Automobile regelrecht vernarrt sind. Monet, der weder reitet noch Fahrrad fährt, weigert sich sein Leben lang, eines dieser Ungetüme zu steuern, sehr zur Freude der beiden Knaben, die sich begeistert mit dem Seelenleben und dem röhrenden Motor des ersten Panhard-Levassor befassen, der eine Vielzahl der liebgewordenen Gewohnheiten verändert. Man kann sich heute kaum mehr das Fieber vorstellen, das unsere Urgroßväter bei dem Besuch der ersten Automobilausstellungen ergriff. Auf den ersten Panhard folgt schon bald ein zweiter, zu dem sich ein Donnet-Zédel gesellt, dann der Hotchkiss der Kinder und endlich Sylvains wunderbarer Lieferwagen, das »Zebra«, mit dem das Einkaufen keine Probleme mehr bereitet; sehr viel später wird dann in der Garage auch noch der Lastwagen abgestellt, der extra für Michels Expeditionen in die Sahara gebaut wird.

Vorhergehende Doppelseite: **Pilzesammeln ist ein beliebter Vorwand für Picknicks.**

Abbé Toussaint segnet ein weiteres Hochzeitspaar: Zu der Familie zählen jetzt ein amerikanischer Schwiegersohn* und eine norwegische Schwiegertochter, zu denen sich schon bald ein weiterer Schwiegersohn aus Monaco und eine weitere Schwiegertochter aus dem Périgord gesellen. Nach der Zeremonie wird in dem Salon-Atelier, in dem die Bilder in vier Reihen übereinanderhängen, das Mittagessen gereicht, von dem eine Speisekarte überliefert ist. Selbstverständlich begibt sich die Hochzeitsgesellschaft auch zu dem großen Becken und füttert dort traditionsgemäß die Goldfische ...

Seit der Ausstellung Monet-Rodin im Jahre 1889 bei Georges Petit, die beide Künstler schlagartig bekanntmacht, sind die Geldsorgen endgültig vorbei.

Der berühmt gewordene Ausruf ihres Freundes Georges de Bellio, »Es lebe Monet! Es lebe Rodin! For ever Monet! For ever Rodin!«, leitet die wahrhaft wohlhabende Periode in Monets Leben ein.

* Jean-Maries Großvater

So arbeiten im Jahre 1901 allein fünf Gärtner in dem luxuriösen Garten, der Einfachheit nur vorspiegelt, während sich ein anderer ausschließlich um das große Wasserbecken kümmert, das Monet einige Jahre zuvor hat ausheben lassen. Inzwischen sind die Arbeiten an einem zweiten, noch größeren Becken im Gang.

1900 stellt er bei Durand-Ruel Landschaftsbilder aus, die von dem Wasserbekken in seinem Garten inspiriert wurden. Für 1903 ist seine erste Ausstellung bei den Brüdern Bernheim vorgesehen, die seine finanziellen Verhältnisse schlagartig verändern sollte: Seine Bilder kosten inzwischen im Durchschnitt 12000 Francs, ein stolzer Preis. Nur wenig später erzielen seine *Frauen im Garten,* die von der Jury des offiziellen Salons im Jahre 1867 noch abgelehnt worden waren, bei einer Auktion 20000 Francs.

Giverny, das Nest, in dem sich so gut wie nie etwas ereignet, wird dank Monet berühmt. Eine amerikanische Künstlerkolonie läßt sich im Dorf nieder; manche der Maler wohnen in der ehemaligen Café-Epicerie, die inzwischen zu dem charmanten Hotel Baudy umgebaut worden ist und in dem viel getrunken und bis spät in die Nacht Klavier und Banjo gespielt wird. Andere wiederum mieten sich Häuser, in denen es auch nicht gerade ruhig zugeht. In dem einfachen Bauerndorf werden moderne Feste gefeiert und »Garden-Partys« gegeben, bei denen die Gäste eine Kamelie im Knopfloch tragen und zu Hunderten aus Paris kommen.

In der Rue du Pressoir ist man ständig gezwungen, Maler, die von Monet unterrichtet werden wollen oder einfach aus Neugier den Meister zu sprechen wünschen, höflich, aber bestimmt abzuweisen. In der Folge isoliert sich Monet, sofern überhaupt möglich, noch stärker.

Unten: **Jagdpicknick im Familienkreis.**

Folgende Doppelseite: **Picknickstisch unter dem Apfelbaum.**

Oben: **Claude Monet, *Frühstück,* um 1873, Musée d'Orsay, Paris. *Nebenstehend:* Claude Monet, *Frühstück im Freien* (Mittelteil), 1865—1866, Musée d'Orsay, Paris.**

Claude Monet, *Jagdtrophäen,* 1862, Musée d'Orsay, Paris.

Das Jahr verstreicht mit seinen einfachen Vergnügen und seinen in der Regel komplizierteren Sorgen; immer aber wird es durch einen recht gewichtigen gastronomischen Kalender bestimmt. Neben dem Alltag und den Tagen mit hohem Besuch gibt es die sonntäglichen Familienmittagessen, Monets Namenstag am 6. Juni und seinen Geburtstag am 14. November, dann selbstverständlich Weihnachten und Neujahr und die sehr rituellen Picknicks, die man auf keinen Fall versäumen darf, vor allem das zur Eröffnung der Jagdsaison.

In der blauen Küche, von der aus man über den Garten bis zum Chemin du Roy schauen kann und vor der zwei japanische Apfelbäume ab Mitte April herrlich blühen, weiß und rosa zugleich, ist Marguerite von morgens bis abends sehr beschäftigt. Selbstverständlich hat sie alle notwendigen Küchengeräte zur Hand, Töpfe, Kasserollen, Bräter, Fischkochtöpfe, alle aus Kupfer, Backbleche und Backformen, die große Küchenwaage, die altmodische Sorbetière, die man nicht einmal als richtige Eismaschine bezeichnen kann, und die verschiedenen Pfeffer- und Muskatmühlen. Zuerst gehen ihr ein, später dann zwei Küchenmädchen zur Hand. Trotzdem ist das Arbeitspensum, das sie zu erledigen hat, gewaltig.

Früh morgens werden die bestellten Gemüse aus dem Gemüsegarten geliefert. Zum

Mittagessen gibt es in der Regel eine warme Vorspeise, ein Fleisch- oder ein Fischgericht, manchmal auch beides, Gemüse, Salat und jeden Tag eine neue Nachspeise. Daneben hat sie an das Gebäck für den Tee zu denken.

Ein Abendessen ohne Suppe ist im Hause Monet unvorstellbar. Anschließend gibt es ein Eier- oder Käsegericht wie die in einzelnen Förmchen zubereiteten Käse-Soufflés, anschließend dann den Hauptgang: ein Geflügelgericht, ein Gratin oder kaltes Fleisch, Salat und Käse. Abends wird keine Extranachspeise zubereitet. Entweder werden die Reste vom Mittagsdessert gegessen oder aber man serviert eines der »Kompotte«, die Marguerite so vortrefflich zubereitet und die wir heute als Kirschen, Pflaumen oder Pfirsiche im eigenen Saft bezeichnen würden. Dazu gibt es dann selbstgemachten Biskuit oder Genueser Kuchen, den sie immer vorrätig hat.

Angesichts Monets vieler Marotten, der wünscht, daß man den Chicoree, die grünen Bohnen und sogar die Kastanien im Dampf gart, daß sein Spinat in möglichst wenig Wasser gekocht wird, damit Geschmack und Farbe nicht »verwässert werden«, der Steinpilze in Olivenöl zubereitet haben möchte — das einzige Rezept, das auf ihn zurückgeht, wenn man der Familienlegende Glauben schenken darf — und der Perlhühner nur dann akzeptiert, wenn sie aus der Zucht von Ledanois kommen, kann man schon den Kopf verlieren. Ganz schlimm wird es, wenn sich ein Händler zu Besuch ansagt. Je nach Jahreszeit wird das beste Wild benötigt, wie man den Jägern in der Familie nachdrücklich mitteilt, oder der beste Hecht, für den Monet viel Geld ausgibt, auch wenn er von einem seiner eigenen Gärtner aus dem großen Wasserbekken, einem richtigen Teich, vom Boot aus mit einem Käscher geangelt wird; manchmal wird Sylvain auch auf die Suche nach einem der seltenen Steinbutte ausgeschickt.

Alles muß für die Herren Durand-Ruel oder Bernheim perfekt sein, selbstverständlich auch Florimonds Gemüse. Ganz zu schweigen von Thadée Natanson, für den immer zwei Enten serviert werden, oder Whistler und dessen Vorliebe für lange geschmorte Täubchen. Kommt Butler zu Besuch, wird nach einem Rezept des Dolmenico in New York Hummer »Newburg« oder Welsh rare bits oder Rotkohl serviert, wobei der Kohl so zubereitet wird, daß er an den Red Cabbage aus Pennsylvania erinnert. Die verschiedenen Schwiegersöhne und -töchter prägen mit ihren Gewohnheiten und Geschmacksrichtungen die Tafel Monets.

Und wenn die Jungen den oder die Gäste als langweilig oder »nervtötend« empfinden, bitten Alice oder Blanche die eh schon überlastete Marguerite, für die Kinder spezielle Picknickkörbe vorzubereiten; die Jungen sind mit ihren Käfer- und Insektensammlungen so vertraut, daß sie Gästen, die sie nicht ausstehen können, gerne die Namen von Insekten verleihen.

Häufig wird der Köchin nach einem Besuch in Paris ein neues Rezept ausgehändigt, das sie so getreu wie nur möglich nachzukochen hat. Wehe, wenn eines dieser Rezepte verlorengeht, wie es mit der Seezunge »Marguery« geschah, oder sich als unleserlich herausstellen sollte wie das Gekritzel Maupassants.

So muß Marguerite nach einem Besuch der Herrschaften in London lernen, den Yorkshire Pudding so zu machen, wie er im Savoy serviert wird. Warum die berühmte Bouillabaisse von Madame Renoir nicht in der Rezeptsammlung des Hauses Monet auftaucht, wissen wir nicht.

Die Familie Guitry dagegen ist mit drei Rezepten vertreten: Schweinsbug »Sacha«, Bohneneintopf »Lucien Guitry« und Gefüllte Zwiebeln Charlotte Lysès (eine damals sehr berühmte Schauspielerin, die erste Frau Sachas, die von der gesamten Familie vergöttert wurde). Auch andere, berühmte Zeitgenossen haben ihre »gastronomischen« Spuren hinterlassen: So gibt es bei Claude Monet die Milchbrötchen »Millet«, die Pfifferlinge »Mallarmé«, die Bouillabaisse »Cézanne« aus Stockfisch und, sehr wichtig, die Steinpilzkonserven »Durand-Ruel«. Unter den Restaurants gehören Drouant (Hummer amerikanische Art), Prunier (Stockfisch-Kroketten), Foyot (Schnitzel), Marguery (Ochsenschwanzragout), das Café de Paris (Seezunge florentinische Art) und Julien (Butt »Duglére«) zu den Rezeptlieferanten.

Es ist leicht zu verstehen, daß auch die Köchinnen berühmter Männer in die Geschichte eingehen; so ist es nur gerecht, daß wir neben der Marie Clemenceaus die Marie von Dumas kennen, die Zoé von Degas und Prousts Céleste (die übrigens nie kochte!) und nach Rita, Caroline und Mélanie endlich die Marguerite von Monet!

Man macht kaum einen Unterschied zwischen Werktag und Sonntag, wie so häufig in Familien, in denen auf gutes Essen viel Wert gelegt wird. Es wird etwas reichlicher und aufwendiger gegessen und, wenn Gäste kommen, werden deren Vorlieben berücksichtigt, das ist alles, doch der Tisch wird auch werktags mit viel Liebe, wenn auch einfach, gedeckt. Die Tischdecken sind immer gelb.

Rechts: **Pfirsiche »Bourdaloue«, eine traditionelle Sonntagsnachspeise, wird aus dem Herd geholt.**

Während der ganzen Zeit, die Monet in Giverny verbringt, kommen nur zwei verschiedene Service auf den Tisch: das »japanische« aus der Manufaktur von Creil, ein blau emailliertes Fayence-Geschirr mit Kirschblütenmotiven und stilisierten, dunkelblauen Fächern, und ein weißes Porzellangeschirr mit breitem, gelben Rand, der von einer dünnen blauen Linie durchbrochen ist; dieses Geschirr ist für Festtage und wichtige Gäste reserviert. Sehr kleine Blumenbuketts schmücken die Tischmitte; oft sind es nur abgefallene Blüten aus dem Garten oder dem Treibhaus, winzige, honigfarbene Orchideen mit den typischen Lippen, wilde Dolden oder Klematis, die in einfachen Schalen schwimmen: alles, was nach »Dekoration« aussieht, ist verpönt.

In den beiden Silberschränken glänzen Suppenschüsseln, Gefäße aller Art, Saucieren, Dessertschalen, eine Pyramide für Obst, Karaffen und der große Samovar aus massivem Silber für den Tee.

Die Gerichte werden sorgfältig und harmonisch präsentiert, aber nicht »dekoriert« oder mit bombastischen Namen versehen, Köchinnen, die einige Berufserfahrung haben und dann erst bei Monet in den Dienst treten, sind darüber immer sehr erstaunt.

Eines ist höchst bedauerlich: In der Regel verzichtet man auf handgeschriebene Speisekarten. Wie schade, daß Monet sich nie von Whistler anstecken ließ, der die Speisekarten nicht nur selbst schrieb, sondern darüber hinaus mit kleinen Zeichnungen schmückte und schließlich mit seinem berühmten Monogramm, dem auf japanische Art stilisierten Schmetterling, signierte.

Diese bewußte Einfachheit ist wohl mit Fug und Recht als typisch Monet zu bezeichnen.

In dem gelben Speisezimmer, in dem auch die Möbel in dem gleichen Gelb gestrichen sind, werden auch die großen, festlichen Mittagessen gegeben, so das zu Monets Geburtstag am 14. November. Die Männer streiten sich um die Ehre, für Monet eine oder, wenn möglich, mehrere Schnepfen zu erlegen. Jean-Pierre, der beste Jäger, erhält sozusagen einen »offiziellen« Auftrag. Die Schnepfe verdirbt im Gegensatz zu anderem Wild nicht, so daß man sie unbesorgt abhängen kann, wenn man den entsprechenden »Hautgout« liebt, auch wenn man nicht immer gleich so extrem vorgehen muß wie Monet, der darauf besteht, daß sie zwei Wochen im Keller an den Schwanzfedern aufgehängt werden, bevor man sie rupft und brät. Paul trägt sie dann zusammen mit großen, gerösteten Weißbrotscheiben auf. Monet leert sie, streicht das Innere auf die Weißbrotscheiben und verspeist diese mit größtem Genuß ... Dies ist bei vielen kleineren Vogelarten so üblich, so auch bei Drosseln mit Wacholder, doch bei Schnepfen wird vor dem Braten in der Regel der Kaumagen entfernt. Zu Monets Geburtstag mußten die Schnepfen unbedingt selbst geschossen werden; unvorstellbar, sie für dieses Fest etwa bei einem Händler zu kaufen!

Am 1. Weihnachtsfeiertag kommt die berühmte getrüffelte Gänseleberpastete im Blätterteigmantel, die extra in Straßburg bestellt wurde, auf den Tisch.

Neben der Schnepfe gehören zwei andere Gerichte unabdingbar zum 14. November: ein großer Fisch, Hecht oder Steinbutt, und ein ebenso hübscher wie wohlschmeckender Nachtisch, der »grüne Kuchen« mit Pistazien und dem wie in einem orientalischen Märchen grüngefärbten Fondant. Die übrigen Gänge variieren.

Wie in vielen anderen Familien wird auch bei den Monets auf das weihnachtliche Mittagessen besonderer Wert gelegt und bei dieser Gelegenheit die Tradition hochgehalten.

Das Speisezimmer wird mit Blättergirlanden, einfachen Blumen, Kristallgläsern und -vasen und viel Silber festlich geschmückt; natürlich legt man eines der besonders feinen Tischtücher auf. In der Mitte des Tisches schwimmen in Schalen weiße Schneeballdolden, Christrosen und Jasmin ... An den Plätzen der Kinder liegen die berühmten »kleinen Papiere«, fast quadratische, hellgraue, rot gefütterte Umschläge mit einer bestimmten Geldsumme von Alice und Monet und neben den Servietten kleine, hübsch dekorierte Schachteln mit Süßigkeiten und kleinem Schmuck: Broschen, Anstecknadeln, Medaillons und Taschenuhren. Die größeren Geschenke werden unter dem im malvenfarbenen Salon errichteten Tannenbaum bereitgelegt.

Anläßlich dieser weihnachtlichen Mittagessen kommt ein Kastendenken wieder zur Geltung, das eigentlich keine Berechtigung mehr hat und laut dem im Hühnerhof die Gans die unterste soziale Stellung einnimmt, weit unter den Hühnern. Dieses Kastendenken besagt, daß nur Kapaune und Poularden würdig sind, in einem Haus, in dem man auf gepflegtes Essen Wert legt, auf den Tisch zu kommen.

Zu Beginn des Festmahls wird in der Regel Rührei mit Trüffeln oder Lachs auf amerikanische Art gereicht, anschließend eine extra in Straßburg bestellte Gänseleberpastete in Blätterteig und ein getrüffelter, gefüllter Kapaun, der auf einem Kastanienbett aufgetragen wird. Dazu werden extra Périgord-Trüffeln und Kastanienpüree serviert. Anschließend bricht ein eher rustikaler Feldsalat mit der festlichen Speisenfolge, bevor Gorgonzola oder Roquefort gereicht werden. Endlich kommt der von den Kindern heiß ersehnte Augenblick, der die ganze Magie von Weihnachten in sich trägt: Paul schließt die Läden, bringt den reichlich mit Rum übergossenen Christmas Pudding und flambiert ihn zur Freude aller. Zum Abschluß des Festmahls wird ein in der altehrwürdigen Sorbetière hergestelltes Bananeneis gereicht, das die Form eines Zuckerhutes aufweist. Wie immer wird der Kaffee im Atelier-Salon gereicht, anschließend dann die Schnäpse und Liköre.

Das Mittagessen am 2. Weihnachtsfeiertag wird in der Rue du Colombier bei Marthe und Theodore Butler eingenommen und ist nicht weniger üppig; allerdings serviert man hier den Käse nach dem Pudding.

Aufgrund der verschiedenen Hochzeiten zerstreut sich die Familie nach und nach, doch Feste werden weiterhin gemeinsam gefeiert. Ein »Frühstück im Freien« oder eine gute Mahlzeit an dem festlich gedeckten Tisch in Giverny eint die Familie stärker als zuvor, falls dies überhaupt möglich ist. An den ersten warmen Tagen des Jahres unternimmt man, reichlich mit Picknickkörben versehen, Ausflüge mit den Booten oder Automobilen. Anlässe gibt es das Jahr über viele: das Rennen Paris–Madrid, das Rennen an der Côte de Gaillon usw., doch viele Picknicks werden auch ohne besonderen Anlaß, einfach nur so, veranstaltet. Viele Freunde nehmen an solchen Picknicks teil, Pierre und Jeanne Sisley, Lucien Pissarro, Fernand Haundorf, die Töchter der Familie Perry, und einer der zahlreichen Vettern, Germain Ringo; mit den anderen aus den Familien Rémy, vor allem Georges Rémy, Vialatte und Le Moyne »kann man sich nicht sehen lassen«, denn sie sind einfach zu »schick« und zu »korrekt« ...

***Folgende Doppelseiten:* Der Garten und das Haus mitten im Winter. Alle bereiten sich auf Weihnachten vor. Die Kinder finden an ihren Plätzen die berühmten »kleinen Papiere«, hellgraue Umschläge mit Geld, und geheimnisvolle Schachteln mit Süßigkeiten.**

REIMS

Links und oben: **Marguerite wirkt an den Vorbereitungen zu Weihnachten in entscheidendem Maße mit: Süßigkeiten, Schokoladen, Kuchen, mit viel Champagner des Hauses Veuve Cliquot.**

Um der Wahrheit die Ehre zu geben: Sobald das Wetter es erlaubt, jagt ein Picknick das andere, würdige Nachfolger der ersten Mittagessen im Freien, die nach Monets Ankunft in Giverny unter einem improvisierten Zelt aus Strohhülsen veranstaltet werden, köstliche Erinnerungen an die ersten, wirklich gelebten Augenblicke in Giverny, als sie noch tausend Träume hatten und zum ersten Mal den Eindruck bekamen, festen Boden unter den Füßen zu haben.

Aus vielerlei Gründen werden in Giverny die Gäste in der Regel eher ins Haus als zu einem Picknickausflug gebeten; Monets Atelier und Garten interessieren sie mehr als ein Ausflug aufs Land. Es gibt so überraschend viele Leute, die sich für die Natur begeistern, doch zumeist lieber durch das Fenster eines Salons, von der Terrasse eines Hotels oder durch die Scheiben eines Wagens hindurch ... Es ist schon ein gewaltiger Unterschied zwischen einer gemütlichen Promenade auf den kleinen, verschwiegenen Wegen in Monets wasserreichem Garten mit der japanischen Brücke und dem Streifen durch das Unterholz auf der Suche nach Pilzen! Auch wenn man sich nach getaner Arbeit zur Belohnung seines Hutes entledigen, auf ein Plaid sinken und halb kniend, halb liegend Köstlichkeiten zu sich nehmen darf, bevor man sich wieder den stinkenden, knatternden, von Millionen Mücken umgebenen Fahrzeugen anvertraut, die partout nicht anspringen wollen.

Alice liebt den Garten, die Wasserbecken und die Schönheit der Landschaft, auch wenn sie nie eine Gießkanne oder eine Gartenschere in die Hand nimmt. Sie trinkt häufig im Garten Tee, strickt oder näht dabei oder liest auf dem Balkon und genießt den unter ihr liegenden Garten. Aber sie ist auch die erste, die als Geschwindigkeitsfanatikerin das Auto nimmt und unter einem Vorwand zu einem Ausflug aufbricht.

Während der Jagdsaison kommen die Familienmitglieder aus ganz Frankreich zusammen, aus der Vendée, aus Cagnes und Rouen, und lassen sich in den verschiedenen Nebengebäuden häuslich nieder. Im Morgengrauen brechen die erfahrenen Jäger, auch die Frauen, mit ihren Gewehren und ihren Jagdhunden auf; gegen Mittag kehren sie ermüdet zurück und werden mit einem dieser sakrosankten Picknicks, für die alles Notwendige, Tische und Stühle und die verschiedenen Kisten und Koffer mit Geschirr, Besteck, Gläsern und natürlich den vorbereiteten Speisen, auch warmen!, mit den Automobilen herangekarrt wurden, für ihre Mühen belohnt. Monet selbst jagt nicht, ißt aber begeistert Wild, vor allem Rebhühner und, wie schon erwähnt, Schnepfen; die Krustenpasteten und Hasen- sowie Ententerrinnen, die an diesem Tag aufgetischt werden, verschmäht er allerdings auch nicht. An solchen Tagen hört man ihn häufig begeistert rufen: »Zu Tisch! Zu Tisch! Essen wir diese Täubchen, solange sie noch warm sind!« Während die Jäger ihre Heldentaten ins rechte Licht rücken, wird das Essen mit verschiedenen Kuchen und Obst beendet. Wein und herber Apfelmost löschen den Durst. Diese Jagdpicknicks schließen die vielen Mahlzeiten ab, die während des Jahres im Freien eingenommen werden; der Juli und August sind in Giverny leider häufig verregnet, der September hingegen ist meist ausgesprochen schön und mild.

Der Geschwindigkeitsrausch hat nicht nur Alice, sondern auch Monet erfaßt, der unter keinen Umständen das Rennen Paris-Madrid, das durch die im Südwesten von Paris liegende Region Beauce führt, versäumen will, vor allem aber nicht das Rennen an der Côte de Gaillon. Mit ihren Automobilen erforschen sie jetzt auch weiter entfernt liegende Wälder und bringen die Steinpilze gleich körbeweise mit nach Hause. Unglaubliches wird berichtet: Monet soll öfters so entspannt sein, daß er lauthals: »Espoir charmant, Sylvain m'a dit, je t'aime« singt! Sylvain unternimmt übrigens häufiger Expeditionen bis nach Lamotte-Beuvron, um bei den Schwestern Tatin deren berühmten gestürzten Apfelkuchen, die Tarte Tatin, zu verschlingen.

In Giverny beschäftigen sich viele mit gastronomischen Fragen; so wagt sich Madame Baudy in dem gleichnamigen Dorfgasthof an die Zubereitung von Boston Baked Beans oder Stuffed Spareribs, um die Wünsche ihrer amerikanischen Kundschaft zu erfüllen, während die überwiegend jungen Künstler von Squash träumen und einem gewissen Philadelphia Pepper Pot, der, so behaupten sie, einem in Giverny unbekannten General zu einem Sieg in einer ebenfalls unbekannten Schlacht verholfen habe. Was sie nicht daran hindert, bei Walzer oder Cake-Walk ihr Heimweh zu vergessen ...

Die Tage der Angestellten sind lang und arbeitsreich; wie so häufig damals haben sie von Freizeit oder gar Freizeitgestaltung nur eine vage Vorstellung. Sylvain spielt abends im Garten wie die früheren Stallmeister in der Sologne zu seiner Entspannung Jagdhorn; Marguerite dagegen beschäftigt sich auch abends noch mit dem Studium von Hauswirtschaftsjournalen, während die Familie im malvenfarbenen Salon sich mit der Lektüre alter, nicht mehr realisierbarer Rezepte amüsiert.

Den Katalog des Verlegers Charpentier durchblätternd oder aus Paris mitgebrachte Veilchenpastillen lutschend stellt man die nächsten Menüs zusammen, wobei man alles mögliche bedenkt, nur nicht etwaige therapeutische Zwecke. Im Hause Monet ist es ratsam, gastronomischen Fragen gegenüber nicht gleichgültig zu sein, wenn man nicht als Barbar angesehen und mit gönnerhafter Nachsicht behandelt werden will. Krankensüppchen und Fastenmahlzeiten kennt man hier trotz der, sagen wir es offen, Bigotterie von Alice nicht. Ihre Vorstellungen von einer anständigen Ernährungsweise stehen der Epoche Richelieus näher als den Auffassungen von Georges de Bellio und anderen Homöopathen aus ihrem Bekanntenkreis. Niemand käme je auf die Idee, eine Diät einzuhalten, auch wenn sich eine Rezeptur-Sammlung des Homöopathen J. Prost-Lacuzon in der Hausbibliothek befindet, in der so appetitliche Verschreibungen wie Arsenicum, Sulfur, Calc Carb (Calcarea Carbonica) und Iodium abgehandelt werden (jedes der Medikamente ist abwechselnd eine Woche lang einzunehmen). Natürlich fehlt auch der pädagogische Hinweis nicht, eine Diät einzuhalten, sich in immer stärkerem Maße körperlich zu ertüchtigen

Folgende Doppelseite:
Die Anrichte mit dem gelben Geschirr, das nur bei Festessen und für wichtige Besucher benutzt wurde.

und ein sehr aktives Leben zu führen … Sich am Essen erfreuen oder Arsenicum und ähnliches einnehmen? Was für ein Dilemma!

Der Homöopath hinterläßt noch andere Verschreibungen: Beim geringsten Unwohlsein kann man in Florimonds Gemüsegarten die entsprechenden Pflanzen und Kräuter finden — wie Melisse, Bergpfefferminze oder, falls man sich an einem der kühleren Abende erkältet haben sollte, auch Gurkenkraut; ein Veilchenaufguß, der den gleichen Zweck erfüllt, schmeckt natürlich allerdings sehr viel besser.

Auch gegen die Bleichsucht der Mädchen, gegen Fieber aller Art und gegen die Folgen der Ausschweifungen bei Tisch finden sich Ratschläge, und in einem Kapitel werden sogar Seelenkrankheiten wie Misanthropie mit fünf verschiedenen Mixturen in zwölf- bis dreizehnfacher Verdünnung behandelt. Doch da glücklicherweise von diesen Krankheiten niemand befallen ist, brauchen wir uns nicht damit abzugeben …

Ein Tag mit den Vettern, die man nicht einmal mit zu den Picknicks nehmen kann, da sie zu »chic« sind, mit gestärkten Hemden und steifem Kragen auf dem Land herumlaufen und einfach übertrieben auftreten, muß organisiert werden. Sie wirken wie Wilde, so merkwürdig das klingen mag. Diese Tante Cécile Rémy, die in ihrer Majestät den Garten erdrückt und Tante Marguerite Le Moyne zum Verwechseln ähnlich sieht! Monet bekommt Besuch von der ganzen Familie, denn jeder möchte einen Maler, der erfolgreich ist, zumindest einmal aus der Nähe erleben; Monet findet es allerdings nicht immer komisch, wenn Giverny als Annex des Pariser botanischen Gartens betrachtet wird. Natürlich sind alle »hingerissen«, Monsieur Monet ist »berühmt« und die liebe Alice noch einmal mit einem blauen Auge davongekommen.

In dem kleinen, malvenfarbenen Salon sprechen die Kinder ganz offen über Ernest Hoschedé, an den sie sich immer schlechter erinnern, und blättern in einigen Ausgaben der Zeitschrift »L'Art et la Mode«, die ihr Vater gründete und in der Mallarmé sein Gedicht »Nénufar blanc« (weiße Seerose) veröffentlichte.

In dem malvenfarbenen Salon geht es meist zu wie in einem Taubenschlag, und es ist sicher klug, daß Monet sein eigentliches Atelier am anderen Ende des Gartens einrichtet. Niemand käme auf die Idee, den Maler ohne besondere Aufforderung bei der Arbeit zu stören, von Alice und später dann Blanche abgesehen, die dort nähen und sticken und mit Monet über Malerei sprechen.

In dem Salon wird nicht nur in Zeitschriften geblättert; auch die Bücher Maxime du Camps werden gern gelesen, während man freimütig einräumt, von Ibsen nichts zu verstehen und Zola oder Barrès zu verabscheuen. Russische Romane werden dagegen mit großer Begeisterung gelesen, vor allem Turgenjews Werke, außerdem Mallarmés Gedichte, Briefe und vor allem Rezepte. Der Salon dient gleichzeitig zum Austausch von Gedanken und Neuigkeiten; so wird der Brand der Opéra-Comique in Paris ausgiebig kommentiert, und Blanche bringt aus Paris eine herrliche Anekdote mit, die auch von Julie Manet in ihren Erinnerungen erwähnt wird. Blanche war mit Monet nach Paris gefahren, um in der Galerie Durand-Ruel die Bilder der eben verstorbenen Berthe Morisot aufzuhängen. Bei Durand-Ruel stoßen sie auf die etwas verlegene Julie Manet. Ganz Paris schaut vorbei, doch im Grunde geschieht nichts. Monet und Degas liegen sich wegen eines Paravents in den Haaren, der das Ensemble zweiteilt. Degas explodiert: »Es gibt kein Ensemble, nur Dummköpfe erkennen ein Ensemble. Was heißt das schon, wenn ein Kritiker schreibt: ›Der allgemeine Eindruck von dem Salon ist dieses Jahr weitaus günstiger als letztes Jahr‹?« Monsieur Mallarmé bietet seine Dienste an. Die Mädchen schweigen, während sich die Angestellten Durand-Ruels kaum halten können vor Lachen.

Im malvenfarbenen Salon werden auch die Briefe gelesen, die Monet von seinen fast jährlich unternommenen Malreisen täglich nach Hause schickt und in denen er zum Bedauern der Mädchen auf Details nur wenig eingeht. Vor allem die Briefe aus London, Bordighera und von der Belle-Ile werden immer mit Spannung erwartet, denn ab und zu erfüllt er die zahlreichen Bitten seiner Schwiegertöchter, die am liebsten mitführen, und beschreibt die Abende in der Londoner Gesellschaft und natürlich auch die Kleider, die von den vornehmen Damen getragen werden. Meistens bereitet John Sargent Monets Reisen vor, die zahlreichen Diners mit Konservatoren der verschiedensten Museen, Sammlern und überhaupt der politischen und künstlerischen Creme Londons, so der Prinzessin Louise. Er ermöglicht ihm von dem Haus eines Freundes aus sogar einen Blick auf die großartigen Begräbnisfeierlichkeiten bei der Beerdigung von Queen Victoria; bei dieser Gelegenheit lernt Monet Henry James kennen. Mit seinem Bath-Club in der Dover Street, in dem halb Europa im Wasser plätschert, bevor es sich den Heilquellen in Karlsbad zuwendet, scheint London damals lebendiger zu sein als Paris. Diese Reisen sind unerläßlich, um nicht auf dem Lande in eine intellektuelle Lethargie zu verfallen.

Dabei wird es immer schwieriger, Monet dazu zu bringen, eine Einladung seiner Gäste anzunehmen, so die der Poher-Palmers nach Chicago, von Mary Hunter in den Palazzo Barbaro und von Mrs. Sargent Curtis nach Japan und Indien.

Die Kastanien, die an Weihnachten zum Kapaun serviert werden.

DIE GÄSTE IN GIVERNY

Sich in ein Dorf flüchten und das Dorf zum Zentrum der Welt machen.
JULES RENARD, *Tagebuch*

Was für eine Existenz führten Alice und Monet in Giverny eigentlich? Monet mit seinen Ansprüchen, seinem Werk, an dem er wie besessen arbeitet, seinem Hang zu Bequemlichkeit und gutem Essen und seiner ausgeprägten Liebe zur Natur, die für einen Pariser schon sehr auffallend ist. Bei Alice ist die Sache komplizierter: Selbst wenn sie mit Monet völlig übereinstimmt, was seinen Lebensstil betrifft, und ihn unterstützt, auch wenn er sich hinter seinem Werk verschanzt, das ihn völlig in Beschlag nimmt, hat sie diese langen Wintertage zu überstehen, an denen er wie besessen im Atelier arbeitet, diese Zeiten der »Leere«, wenn Monet völlig introvertiert ist und mit niemandem spricht. Die vielen Gäste im Sommer dagegen bereiten ihr kein Kopfzerbrechen, und es steht außer Zweifel, daß die Ausflüge nach Paris für sie so wichtig sind wie die Gäste, die nach Giverny kommen.

Links: **Der Tee wird im Garten serviert, sobald es das Wetter zuläßt. Monet liebt starken Tee.**
Oben: **Claude Monet, *Die Galettes*, Paris, Privatsammlung.**

In Vernon hat sich das Warenangebot unterdessen beträchtlich erweitert; viele Dinge wie der Tee aus Darjeeling, Ceylon oder China, italienischer Käse, die Kleidung, die Bonbons von Fouquet, die Visitenkarten, die Schreibgarnituren sowie der Chintz und die Cretonnen für die Ruhestätten in den verschiedenen Ateliers kommen aber weiterhin aus Paris.

Wenn sie nach Paris fahren, um einzukaufen, einen Galeristen zu treffen, eine Ausstellung zu organisieren, Freunde zu besuchen, Bücher zu kaufen oder auch eine Aufführung anzuschauen, nehmen sie meistens den Zug bis zum Bahnhof Saint-Lazare. Bringt sie Sylvain mit dem Wagen in die Stadt, dann läßt er ihn, erschrocken von dem Großstadtverkehr, an der Porte de Saint-Cloud stehen. Sie steigen im Hotel Terminus direkt am Bahnhof ab; das Viertel ist sozusagen das »Hauptquartier« der Familie in Paris, vor allem von Butler und Marthe und später von Jim und Lily... In der Regel verlassen sie das rechte Seine-Ufer mit den großen Galerien der Impressionisten nicht. Hier kaufen sie auch ein und gehen, oft fürstlich, essen.

Sie besuchen die Oper, um Rose Caron, eine ausgezeichnete Wagner-Sängerin, und Schaljapin in Boris Godunow zu hören, und bewundern Loïe Fuller (die ihnen von Rodin vorgestellt wird) bei ihrem Schlangentanz in den Folies-Bergères, die Tänzerinnen aus Java und Kambodscha, die in Paris Gastspiele geben, die Ballets Russes mit dem Tornado Diaghilew, die Bühnenbilder von Bakst, und erleben persönlich Nijinskij, dessen Interpretation von Debussys »L'après-midi d'un faune« zu einem Skandal ausartet. Am meisten indessen überrascht wohl Alices ausgesprochene Vorliebe für Boxkämpfe, bei denen die Boxer keine Boxhandschuhe tragen und die dementsprechend gefährlich sind; so kommt es denn auch bei manchen Kämpfen, zu denen Monet Alice begleitet, zu Todesfällen.

Sind sie in Paris, genießen sie das Leben in vollen Zügen, schauen sich jeden Tag eine Vorstellung an und gehen jeden Abend in ein anderes Restaurant oder zu Freunden. Seit langem allerdings meidet Monet diese einfachen Wirtshäuser, in denen sich bleiche Jünglinge in weiten Umhängen eher von Aphorismen ernähren als von handfesten Dingen. Es ist lange her, daß Monet und Geoffrey ihr »Diner Drouant« gründeten, das immer freitags stattfand, oder daß sich am ersten Donnerstag eines Monats Mallarmé, Georges de Bellio, Caillebotte, Monet und Renoir im Café Riche trafen. Eine Zeitlang gab es so viele feste Tage, daß sich niemand mehr zurechtfand...

Wir wissen nicht mehr, in welchem Restaurant Monet und Antonin Proust zusammen gegessen haben, nachdem sie von ihren Zeugen überredet worden waren, auf das geplante Duell zu verzichten. In der Regel ging man nach Duellen im Bois de Boulogne ins Ledoyen, das ehemalige Hauptquartier des armen Ernest Hoschedé. Alice und Monet besuchen zu Beginn des 20. Jahrhunderts vor allem Prunier, Julien, das Café de Paris, das Café Anglais oder Marguery und wählen in der Regel Gerichte, die in Giverny nicht auf den Tisch kommen.

Bei Drouant wählen sie in Begleitung von Eugène Carrière, Rodin, Ajalbert, Lucien Descaves, Maurice Joyant, Rosny, Paul Clemenceau, Coquelin, Frantz Jourdain und Edmont de Goncourt nach der Schnepfe »Drouand« oder dem Butt »Bercy« Birnen »Josette«, zu dem ein von Drouant selbst ausgesuchter und nur für diesen Zweck reservierter Haut-Brion aufgetragen wird. Goncourt spricht bei diesen Freitags-Diners in lyrischer Verzückung von der angeblich in Lothringen erfundenen Krebsbutter!!

Bei der ersten Gelegenheit melden sich die Pariser Freunde in Giverny; sie warten nur auf ein ermunterndes Zeichen. Natürlich ziehen sie die warme Jahreszeit vor, um den Garten bewundern zu können, und Alice hat alle Hände voll zu tun, um den Strom von Besuchern zu »kanalisieren«. Wie schwer ist es, einen von einem Händler empfohlenen Sammler abzuweisen, auch wenn dies bedeutet, daß Monet seine Arbeit unterbrechen und sein Atelier aufräumen muß. Aber er wagt es kaum, einen eventuellen Sammler vor den Kopf zu stoßen.

Oben: **Juni 1921, Monet in Begleitung von Clémenceau und Lily auf der japanischen Brücke.**

Trotz aller Schwierigkeiten, die damit verbunden sind, empfängt Alice gerne Gäste, zumal Monets Freunde nie langweilig sind, auch wenn einige für ihren Geschmack etwas zu mondän auftreten und unter den Frauen der Malerfreunde nicht alle ihren Beifall finden ... Doch Alice ist zu sehr Grande Dame, um sich dies anmerken zu lassen.

Monets Händler zählen zu seinen Freunden, auch wenn er mit ihnen hart verhandelt. Selbst in seinen schwierigsten Phasen hat Monet immer darauf geachtet, seine Bilder nicht zu verschleudern und keine Exklusiv-Verträge abzuschließen. Dieser Politik bleibt er auch bei zunehmendem Erfolg treu, selbst wenn es großer Diplomatie bedarf, mit den Durand-Ruels und den Bernheims gleichzeitig zu arbeiten und befreundet zu bleiben.

Alice weiß, wie wichtig es ist, die Händler Monets gut zu empfangen. Der schlaue Fuchs Talleyrand sagte einmal zu seinem Souverän: »Majestät, dringender als schriftliche Anweisungen brauche ich Kochtöpfe.« Ein Vertrag ist allemal einen Hasen »royal« wert, so wie Paris eine Messe wert ist. Alice bezaubert ihre Gäste, während das Haus vom wilden Wein und den Kletterrosen überwuchert wird und im Garten je nach Jahreszeit farblich genau aufeinander abgestimmte, prächtige Blumenrabatten einander ablösen: vom leuchtenden, durch weiße und rosa Farbtupfer abgemilderten Rot des Frühjahrs bis zu den sanften Farben des Herbstes.

Die Mauern, die das Anwesen umgeben, bestärken den Eindruck der Abgeschlossenheit, und niemand käme auf die Idee, unangemeldet nach Giverny zu fahren und Monet zu stören. Sacha Guitry, der eines Tages meint, sich nicht anmelden zu müssen, wird schlichtweg abgewiesen.

Zu den Pariser Freunden gesellen sich die aus London und Venedig, die Amerikaner von der Ostküste und vor allem aus Chicago und, unbedingt festzuhalten, der einzige Kosmopolit, der aus Giverny selbst stammt, Abbé Toussaint, der mit seinen glänzenden Englisch-Kenntnissen besticht.

Die meisten steigen am Pariser Bahnhof Saint-Lazare in den Zug und fahren bis nach Vernon, wo sie abgeholt werden. Einige besonders Rüstige gehen von Vernon aus zu Fuß, andere wie Caillebotte, Mirbeau, die Depeaux, Helleu, die Johnstons und viele andere wiederum lassen es sich nicht nehmen, auf der Seine anzureisen. Alle aber tauschen ihre überladenen Wohnungen und Hotels gegen die einfache Landschaft und das für die damalige Zeit eher nüchterne Speisezimmer ein; Monets Haus mußte seine Zeitgenossen äußerst »modern« anmuten, nur einige wenige erlesene Gegenstände wie eine blaue Fayence aus Delft, eine Arita-Vase, eine Ismari-Vase oder auch die dezenten Vasen der Compagnie des Indes, die die Katastrophe von Rottenbourg überlebten, milderten den strengen Charakter.

Die Gäste werden gebeten, so zeitig einzutreffen, daß sie vor dem Mittagessen um halb zwölf noch einen Blick ins Atelier und in die Gewächshäuser werfen können. Zwischen dem im Haus servierten Kaffee und dem Tee, der entweder unter den Linden oder bei den Wasserbecken oder auch auf dem Balkon eingenommen wird, finden in der Regel anregende Gespräche statt, und häufig kommt es vor, daß Monet seine im ersten Stock des Hauses untergebrachte Privatsammlung mit Bildern von Cézanne, Renoir, Pissarro, Degas, Morisot, Manet, Signac, Corot und Delacroix zeigt. Seine Sammlung verändert sich im übrigen ständig.

Der Tee wird nach einer ganz eigenen Zeremonie zubereitet: Paul bringt kochend heißes Wasser aus der Küche, während Alice und später Blanche die kostbaren Blätter von dem berühmten Pariser Teehändler Kardomah mit einem speziellen Löffel abmessen. Dazu reicht man Scones, kleine, runde Kastanien-Kuchen oder Zimt-Toasts.

Oben: Monet bei einem Spaziergang mit einem Freund der Familie, Georges Truffaut, dem Besitzer einer Baumschule.

Jeder weiß, wieviel Wert Monet auf Pünktlichkeit legt; der Maler mag es gar nicht, wenn seine Gäste im Auto anreisen, denn dann sind Verspätungen praktisch nicht auszuschließen: die einen verfahren sich, andere haben Reifenpannen ... Marguerite berichtet, einmal sei Monet über eine Verschiebung in dem von ihm geliebten Tagesablauf so empört gewesen, daß er drauf und dran gewesen sei, sich schon ohne seine Gäste an den Mittagstisch zu setzen.

Wir können wirklich nicht alle Gäste aufzählen. Neben den Malerfreunden aus den ersten, schwierigen Zeiten wie Renoir,

Sisley, Pissarro und Cézanne besuchen ihn viele andere Künstler wie Eugène Carrière, Paul Helleu, John S. Sargent, Whistler und natürlich die wenigen wirklichen Künstler aus der amerikanischen Kolonie in Giverny wie Lilla Cabot Perry, Theodore Robinson und natürlich Theodore Earl Butler, der Marthe heiratet und somit zur Familie gehört. Eng befreundet sind sie mit Caillebotte, der ihnen in den schwierigsten Zeiten großzügig geholfen hatte, mit Berthe Morisot und Edgar Degas. Mit Mary Cassatt und später dann mit Vuillard und K. X. Roussel und Pierre Bonnard werden herzliche, aber doch etwas distanziertere Beziehungen unterhalten. Nicht vergessen wollen wir, daß auch Matisse ein- oder zweimal nach Giverny pilgerte.

Neben den Malern, die sich vor allem für Monets praktische Erfahrungen interessieren, besuchen ihn Schriftsteller wie Mallarmé, Paul Valéry und auch Clemenceau, der in seinen Büchern die Entwicklungsgeschichte der Seerosen-Bilder ausgezeichnet beschreibt. Doch Mallarmé, Rodin, Mirbeau, Clemenceau, Gustave Geffroy und ganz bestimmt Durand-Ruel sind für Monet wie für Alice die wichtigsten und liebsten Freunde.

Der Händler Maurice Joyant kündet seinen Besuch in Begleitung von Isaac de Camondo an, der die »Kathedralen-Bilder« erwerben will, und Lucien Guitry möchte Anatole France mitbringen, was Monet besonders freut. Die Bernheims schicken den Prinzen von Wagram nach Giverny, der so durch die Gegend rast, daß die Monets sich weigern, in sein Auto zu steigen …

Sacha Guitry und Charlotte Lysès sind häufig zu Gast, ebenso Mary Hunter, eine Freundin von Sargent. Fasquelle, Gallimard und Charpentier vertreten die Verleger. Henri Farman, der englische Flieger und Gelegenheitsmaler, und der extravagante Whistler, der seine Gäste gerne in einem Pseudo-Kimono empfängt, selbst kocht und häufig die Speisen färbt, damit sie mit dem blau-weißen Geschirr harmonisieren, sind gern gesehene Stammgäste.

Während der Blütezeit von Giverny ist die Liebe zu Japan in Westeuropa weitverbreitet; und ausgerechnet in Monets Dorf läßt sich übrigens der Enkel von Commodore Perry nieder, der den Europäern Japan nahebrachte.

Trotz aller Einfachheit entgeht auch Monets Haus dieser Mode nicht; von einer weißen Porzellankatze einmal abgesehen, die auf dem Sofa im dritten Atelier ruht – als Stellvertreterin für alle in Giverny verbotenen Katzen sozusagen, denn diese Tiere, die die ordentlich gepflegten Blumenbeete laufend aufkratzen, haben hier Hausverbot – sind es vor allem das Geschirr aus Creil mit den Japan-Motiven, außerdem viele Drukke, aber auch Bücher mit Märchen und Legenden und diese in Frankreich sehr seltenen Lilien-Knollen, die direkt von Japan nach Giverny geschickt worden waren und in den Treibhäusern einen Ehrenplatz erhalten hatten, die neben der Art, die Initialen zu sticken oder bei Vornamen die Buchstaben vertikal anzuordnen, Japan vertreten. Natürlich hat Monets Sinn für Einfachheit alle Auswüchse sofort unterdrückt, und sein Haus weist nicht die geringste Ähnlichkeit mit Edmond de Goncourts Pariser Wohnung auf, die man für einen Annex der Pariser Weltausstellung halten könnte. Alles, was unerwartet oder fremdartig ist, wird als »japanisch« bezeichnet, und Alexandre Dumas junior verleiht sogar einem seiner Salate, dessen Rezept er in der Komödie »Francillon« verrät, den blumigen Titel: eine »japonerie« aus Trüffeln aus dem Périgord und Champagner ... Man nehme ein Glas Chateau-Yquem und ein Glas Essig aus Orleans ... Erfreulicherweise wurde dieser Salat nie im Hause Monet aufgetragen.

Es ist dennoch überraschend, daß wir in den Rezeptheften keinen Hinweis auf ein für japanische Gäste bestimmtes Menü finden. Die Kuroki gehörten zu den ersten Japanern, die in Giverny eingeladen wurden und Bilder von Monet kauften. Madame Kuroki freundete sich eng mit Blanche an; ihre Großmutter, die Marquise Matsukata, gehörte zum unmittelbaren Gefolge der japanischen Kaiserin.

Auf ihren vielen Reisen zwischen Tokio, Marseille und Paris haben die Japaner natürlich die westliche Lebensart soweit kennengelernt, daß sie unsere unästhetischen Ragout-Mischmaschs, unsere schmucklos angerichteten Platten und unsere Manie, unsere Wände vollzuhängen, einigermaßen ertragen können. Monet und Alice versuchen, auf die Liebe der Japaner für reine Formen und sparsame Dekoration Rücksicht zu nehmen und lassen das gelbe Service aufdecken, da das blaue mit den japanischen Motiven unter Umständen die Gefühle der Gäste verletzen würde ...

Glücklicherweise gibt es im Hause Monet einige wenige japanische Zeilen, in denen ganz Japan Monet beglückwünscht, einer der ersten westlichen Maler zu sein, die mit den Gesetzen der Perspektive gebrochen haben; so fühlen sich die Herren Bing, Hayashi oder auch Kazunori Ishibashi, alles feinsinnige Ästheten, doch ein klein wenig zu Hause. Giverny ist alles in allem nichts anderes als ein Vorort von Boston und Yokohama ... Und auch ein gewisser Mister Calder, der Vater des Bildhauers, besucht Monet; Alice als erfahrene Gastgeberin vertut sich selten in der Wahl der Menüs; schwieriger ist es oft, das Verkehrsmittel zu bestimmen, mit dem die Eingeladenen abgeholt werden sollen, denn die einen lieben Pferdekutschen, während die anderen sich an der Geschwindigkeit berauschen.

Nur ein Beispiel: Rodin kündigt seinen Besuch an; er bringt Waldeck-Rousseau, einen wichtigen Politiker, mit, der später zum Präsidenten des Staatsrates ernannt wird. Dieser Waldeck-Rousseau ist einer der wichtigsten Gäste im Salon von Madame Edmond Adam (Rodin wird als wichtiger Gast von so ziemlich allen Pariser Salons eingeladen). Rodin nun erträgt höchstens einen verhaltenen Trab, aber es erscheint Alice als ein Ding der Unmöglichkeit, Gaston zu bitten, die Gäste im Schritt zum Haus zu bringen, da es die Politiker ja immer sehr eilig haben. Bei Degas dagegen muß man schlicht und einfach auf sein Glück spekulieren: Hat er einen guten Tag, dann unterhält er die ganze Gesellschaft mit seinen Bonmots, an anderen Tagen wiederum kann er richtig bösartig werden. So bezeichnet er den Maler Paul Helleu als

»Dampf-Watteau« – unmöglich, die beiden zusammen einzuladen.

Die meisten Probleme, die Alice zu lösen hat, beruhen auf der Verschiedenartigkeit der menschlichen Charaktere. An manchen Tagen fragt sie sich, ob die Mischung der Gäste nicht zu explosiv ist, so an dem Tag, an dem sich Cézanne im Garten vor Rodin hinkniet und sich bei ihm bedankt, daß dieser ihm die Hand gegeben hat! Er, ein Mann, der »Umgang hat mit allem, was man tunlichst vermeiden sollte, und der für seine verwickelten Affären in der Öffentlichkeit bekannt ist …« Nun, Rodin schickt trotzdem eine der schönsten Tänzerinnen der damaligen Zeit nach Giverny, Isadora Duncan, die die Söhne der Familie verhext. Isadora tanzt für Monet in dem großen Seerosen-Atelier, so wie Nijinskij für Rodin getanzt hat, und Marguerite Namara von der Chicagoer Oper spielt Klavier dazu.

Ihr alter Freund Clemenceau ist in die Panama-Affäre verstrickt und gerät in eine heikle Lage, zumal er zur gleichen Zeit mit den Brüdern Daudet und mit Lockroy, dem Schwiegersohn Victor Hugos, bei Gastine Reinette verkehrte, was so wenig zu seinem guten Ruf beiträgt wie sein Duell mit Déroulède, der ihn der Lächerlichkeit preisgibt: »Ich habe nicht Clemenceau getötet, sondern seine Pistole.«

In Giverny leben, das heißt auch am Pariser Klatsch teilhaben; so amüsiert man sich köstlich über die neuesten Skandalgeschichten, die von den Besuchern aus der Hauptstadt zum besten gegeben werden.

In Giverny leben, das heißt auch Paul Valéry lesen, eine verblühte Iris abschneiden, die ganze Welt empfangen, oder doch einen wichtigen Teil, mit Delphine, die die zum Stopfen gegebene Wäsche bringt, ein Schwätzchen halten und kurz darauf nach London reisen, sich über das Parlament ärgern, das sich einfach nicht malen lassen will, und bis zum letzten Tag die geliebte Caporal rauchen.

Einer, von dem man es hätte erwarten können, hat Giverny nie besucht: Marcel Proust, der Monets Werk kennt und liebt und öfters darüber gesprochen hat. Dabei kann man ihn sich so gut in dem gelben Speisezimmer vorstellen, in einen dicken Mantel gehüllt, ohne etwas zu essen; oder aber durch die Scheiben des Gewächshauses hindurch die Orchideen bewundernd, vor allem in der Nacht im Licht von Scheinwerfern, so wie er bei der Herzogin von Clermont-Tonnerre die Autoscheinwerfer auf die Rosenalleen hat richten lassen …

Die Ermordung des österreichischen Thronfolgers Franz Ferdinand und der dadurch ausgelöste I. Weltkrieg wirken sich natürlich auch auf Giverny aus: Alles wird viel komplizierter, vieles ändert sich. Obwohl, wenn wir an die großen Mittagessen mit den Mitgliedern der Akademie Goncourt im Großen Atélier denken, an das Mittagessen mit Clemenceau am 14. November 1918, Monets Geburtstag, drei Tage nach dem Waffenstillstand, oder an die letzten großen Mittagessen der Nachkriegszeit mit den Kurokis, dann können wir feststellen, daß auch die gewaltigen geschichtlichen Veränderungen die Rituale im Hause Monet nicht grundlegend erschüttern konnten. Monet stirbt 1926, von Blanche bis zu sei-

Folgende Doppelseite: **Der Champagner wird in eine Karaffe umgegossen, bevor er serviert wird.**

nem Tod gepflegt, die 1911 bereits die Rolle der Hausfrau von ihrer Mutter übernommen hatte. Blanche versucht weiterhin, Giverny am Leben zu halten, und es ist sicher einleuchtend, daß eine Hoschedé-Monet nicht bereit ist, sich mit der Zivilisation des Kartoffelpürees aus der Tüte oder der Schnellgerichte anzufreunden.

Im September 1940, als die Welt von neuem aus den Fugen geraten ist, schreibt Blanche an den Grafen Metternich und bittet ihn, das Haus unter seinen persönlichen Schutz zu stellen. Kurz darauf wird ein offizielles Schild angebracht:

»Dies ist das Haus von Monet. Für Besatzungstruppen untersagt.«

Blanche braucht sich keine Sorgen mehr zu machen.

Das große Haus ist fast unbewohnt. Als im Juni 1940 der rote Lastwagen des fahrenden Händlers Cygne die letzten Hausangestellten mitnimmt, ist auch Blanche bewußt, daß die großen Feste in Giverny endgültig vorbei sind.

Marguerite hat ihre Schürze abgestreift

DIE REZEPTE

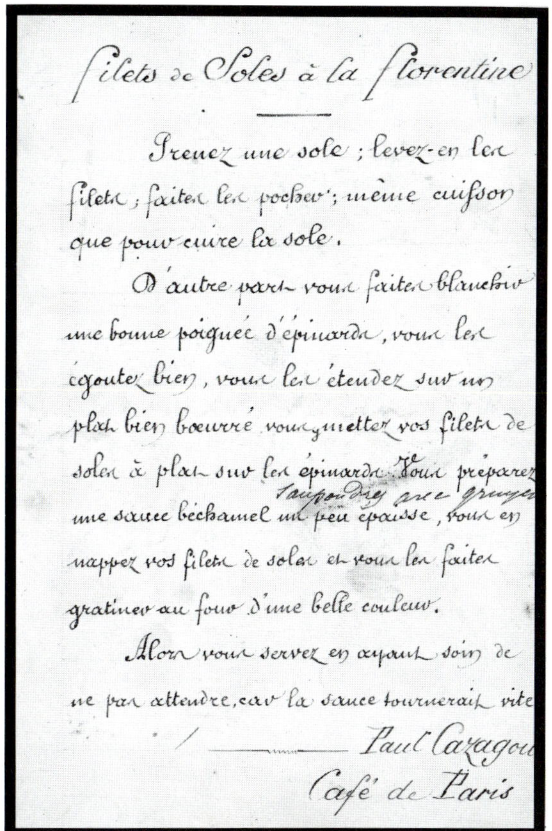

Filets de Soles à la Florentine

Prenez une sole ; levez-en les filets ; faites les pocher ; même cuisson que pour cuire la sole.

D'autre part vous faites blanchir une bonne poignée d'épinards, vous les égouttez bien, vous les étendez sur un plat bien beurré vous y mettez vos filets de soles à plat sur les épinards. Vous préparez une sauce béchamel un peu épaisse, saupoudrez avec gruyère, vous en nappez vos filets de soles et vous les faites gratiner au four d'une belle couleur.

Alors vous servez en ayant soin de ne pas attendre, car la sauce tournerait vite.

Paul Cazagou
Café de Paris

Ein Rezept aus dem Café de Paris: Seezunge florentinische Art.

SUPPEN UND EINTÖPFE

Garbure

KOHL-EINTOPF

Einen großen Kohlkopf blanchieren, anschließend $^{1}/_{4}$ Stunde kochen, abtropfen lassen, in dünne Scheiben schneiden. In eine gefettete Tonform abwechselnd eine Lage altbackenes, in Scheiben geschnittenes Brot, eine Lage Kohl und eine Lage geriebenen Käse einschichten, bis aller Kohl aufgebraucht ist. Mit Käse abschließen.

Mit drei oder vier Kellen Rinderbrühe aufgießen, in den Ofen stellen und ungefähr $^{1}/_{4}$ Stunde überbacken. Die Garbure in der Form servieren, Bouillon dazu extra reichen.

Man kann die Garbure auch mit dem mit einer Gabel zerdrückten Gemüse eines Rindfleischeintopfes oder sonstigem Gemüse zubereiten.

Soupe royale

CONSOMMÉ MIT EIERSTICH

Man benötigt: Consommé, 2 Eigelb, 1 ganzes Ei, Rindfleischbrühe.

Die zwei Eigelb und das ganze Ei miteinander verrühren, ohne daß es schäumt (wie für ein Omelett), salzen und mit $^{1}/_{2}$ Tasse Fleischbrühe vermengen, in eine kleine feuerfeste Schale geben (die Masse darf höchstens 2 cm hoch eingefüllt werden), die Schale in eine etwas größere, mit Wasser gefüllte Form geben und bei mittlerer Hitze in den Ofen stellen, bis die Masse stockt, ohne braun zu werden. Abkühlen lassen. Die Consommé erhitzen, den Eierstich in Stücke schneiden und zusammen mit der Consommé in die Suppenterrine geben.

Links: **Jeden Abend wird bei Monet eine Suppe serviert, hier Knoblauchsuppe (Rezept S. 113).**

Potage Fontanges

FEINE ERBSENSUPPE

1 großen EL Butter heiß werden lassen und 1 gehackte Zwiebel, 2 in Scheiben geschnittene Stangen Lauch (nur das Weiße), eine Handvoll gehackten Sauerampfer und etwas feingehackten Kerbel hineingeben, anschwitzen lassen, bis alles gut mit Butter überzogen ist, ohne daß es braun wird. Anschließend eine Pinte (ca. $^{1}/_{2}$ l) getrocknete Erbsen und 2 gewürfelte Kartoffeln hinzugeben. Mit $1^{1}/_{2}$ l Fleischbrühe oder für eine magere Suppe mit der gleichen Menge Wasser auffüllen.

Salzen, pfeffern und 2 Stunden köcheln lassen. Durch ein Sieb drücken und einige Minuten unter ständigem Umrühren weiterkochen lassen.

Ein eigroßes Stück weiche Butter, 2 Eigelb und $^{1}/_{4}$ l Crème fraîche gut miteinander vermengen, durchschlagen und in eine heiße Suppenterrine geben, die kochende Suppe darübergießen. Mit feingeschnittenen Weißbrotscheiben servieren.

Potage à la Dauphine

RÜBCHENSUPPE À LA DAUPHINE

Ein gutes Pfund gebürstete und gut gewaschene junge Teltower Rübchen in Wasser, dem man ein Stück Butter hinzugefügt hat, so lange köcheln lassen, bis man sie leicht mit einer Gabel durch ein großes Sieb drükken kann. Das Püree wieder auf den Herd stellen und mit einem großen Stück Butter oder 2 Tassen saurer Sahne unter ständigem Rühren verfeinern. Sehr heiß servieren.

Potage au céleri-rave

SELLERIESUPPE

Selleriewürfel in 2 EL Butter heiß werden lassen. Man braucht einen großen Sellerie. Sobald sie nur leicht gebräunt sind, drei mittelgroße, grob gewürfelte Kartoffeln hinzugeben, umrühren, salzen und mit kochendem Wasser auffüllen, bis man die gewünschte Menge Suppe erzielt hat. Recht lange köcheln lassen, durch ein Sieb drükken, wieder heiß werden lassen, mit gerösteten Brotwürfeln und kleinen, rohen Selleriewürfeln, die man in die Suppenterrine gegeben hat, servieren.

Potage aux tomates

TOMATENSUPPE

4 große Tomaten, 1 kleine Zwiebel, 1 EL Zukker, 1 EL Butter, 1 TL Mehl, 1 TL Fleischextrakt, 1 Messerspitze Natron, Lorbeer, Petersilie, Salz.

Die Tomaten vierteln, mit dem Fleischextrakt, 2 Petersilienstengeln, 1 Lorbeerblatt, dem Natron und dem Zucker in eine Kasserolle geben und sanft köcheln lassen, bis die Tomaten gar sind. In einer anderen Kasserolle die Butter zergehen lassen und darin die in Scheiben geschnittene Zwiebel unter Rühren dünsten. Mit dem Mehl überstäuben, umrühren. Zwiebel und Mehl dürfen nicht braun werden. Zuerst mit etwas gekochter Tomate vermengen, dann den Rest hineingeben, salzen und gut verrühren. Durch ein Sieb drücken, wieder erhitzen, abschmecken und servieren.

POUR FAIRE UN BON CONSOMMÉ

GRUNDREZEPT FÜR EINE GUTE CONSOMMÉ

In einen Topf 5 l kaltes Wasser geben und darin die Innereien und die Knochen von zwei nicht zu jungen Hühnern zum Kochen bringen, abschäumen. 6 dicke Karotten, 4 kleine weiße Rübchen, 2 große Stangen Lauch, 1 Stange Staudensellerie, 1 große Zwiebel und ein Säckchen mit 2 Gewürznelken, Lorbeer, Thymian und Petersilie hinzugeben, 3 Stunden köcheln lassen. Von Zeit zu Zeit abschäumen. Durch ein Sieb geben. Falls eine sehr klare Consommé gewünscht wird: abkühlen lassen und entfetten, wieder auf den Herd stellen, heiß werden lassen, aber nicht kochen, und zwei geschlagene Eiweiße hineingeben, umrühren, bis zum Kochen erhitzen und dann durch ein Sieb schütten.

POUR FAIRE UN BOUILLON GRAS

GRUNDREZEPT FÜR EINE FLEISCHBRÜHE

3 Pfund Suppenfleisch und 1 Pfund Suppenknochen in 3 l Wasser zum Kochen bringen, 1 Stunde bei mäßiger Hitze kochen lassen, abschäumen, 250 g Karotten, eine Handvoll weiße Rübchen, 1 große Zwiebel, 1 dicke Stange Lauch und ein Säckchen mit Petersilie, Thymian, Sellerie und Gewürznelken dazugeben. Wieder zum Kochen bringen und 3 Stunden köcheln lassen. Durch ein Sieb geben.

Soupe à l'ail

Knoblauchsuppe

Die Menge nach der Anzahl der Gäste berechnen: pro Person benötigt man 2 Knoblauchzehen, 1 Ei, 1 gehäuften TL Butter, Weißbrotwürfel, Petersilie. Die Knoblauchzehen in ausreichend Wasser geben (pro Person ¼ l), salzen, pfeffern. Kochen lassen, bis der Knoblauch gut weich ist. Die Zehen zerstampfen, vom Feuer nehmen. In einer großen Schale die Eier gut vermengen, etwas von der Knoblauchsuppe hinzugeben und durchschlagen, bis die Masse gut gebunden ist. Anschließend unter starkem Rühren in die Suppe einarbeiten, die Butter hinzufügen, wieder erhitzen, auf keinen Fall zum Kochen bringen.

Die aus altem Weißbrot geschnittenen Würfel in Butter rösten und in die Suppenterrine geben, sofort die heiße Suppe darüberschütten, mit gehackter Petersilie bestreuen, servieren.

Soupe aux poireaux et pommes de terre

Lauch-Kartoffelsuppe

5 oder 6 große Lauchstangen gut waschen, das Weiße in Scheiben schneiden und in 1 EL heißer Butter gut anschwitzen, mit gut einem Liter heißen, gesalzenen Wasser auffüllen, 45 Minuten köcheln lassen, 4 in Würfel geschnittene, feste Kartoffeln hinzugeben, nach weiteren 20 Minuten in die Suppenterrine geben, mit einem Stück Butter verfeinern.

Potage Germiny

Sauerampfersuppe

2 große Handvoll Sauerampfer in 1 EL Butter anschwitzen; sobald er gar ist, in ein feines Sieb geben, auspressen und den Saft auffangen.

1 l oder auch etwas mehr Consommé erhitzen, mit dem Sauerampfersaft vermischen. 2 Eigelb mit lauwarmer Bouillon sorgfältig vermischen. In die heiße Brühe gießen und dabei laufend umrühren, bis sie cremig wird. Warm stellen.

Nicht zu dicke Brotscheiben in Butter rösten, auf den Boden einer Suppenterrine legen, die Bouillon erhitzen und über die Brotscheiben geben.

Soupe aux herbes

Kräutersuppe

1 kleine Handvoll Sauerampfer, 1 Handvoll Kerbel und einen großen Kopfsalat waschen und kleinhacken, mit 1 EL Butter in eine Kasserolle geben. 1 TL grobes Salz und 1 Prise Pfeffer hinzufügen, 5 Minuten anschwitzen, mit 1½ l heißem Wasser auffüllen und ¼ Stunde köcheln lassen.

5 EL Reis waschen und zur Suppe geben, gut umrühren, ½ Stunde köcheln lassen, mit dem Schneebesen gut durcharbeiten, in die Suppenterrine geben und mit 1 oder 2 EL Butter verfeinern.

E I E R G E R I C H T E

Œufs brouillés

RÜHREIER

Rezept für vier Personen. Delikat, schwierig. Wird im Wasserbad zubereitet.

Das Wasserbad erhitzen. 8 Eier in eine Schüssel geben, den Hahnentritt vorsichtig entfernen. Salzen. Mit einer Gabel vermengen, ohne die Eier schaumig zu rühren, in eine Kasserolle geben. Die Kasserolle in das kochende Wasserbad stellen und die Masse ständig in allen Richtungen durchrühren, pfeffern. 2 EL kalte Butter in kleine Stücke schneiden und unter die Eier ziehen, sobald diese zu stocken beginnen. Bevor sie ganz hart werden, aus dem Wasserbad nehmen und sofort mit gerösteten Weißbrotwürfeln servieren.

Man kann, bevor die Rühreier fest werden, gehackten Schnittlauch, kleine Trüffelstücke oder in Butter gebratene Pfifferlinge unterziehen.

Omelette mousseuse

SCHAUMPFANNKUCHEN

3 EL Mehl mit etwas Milch vermengen; die Masse sollte nicht zu dick sein. 3 Eigelb einarbeiten, salzen, pfeffern und mit dem Schneebesen kräftig durcharbeiten. Die Eiweiß sehr steif schlagen und unter die Masse heben. In eine Pfanne 2 EL Öl geben, erhitzen. Sobald es heiß ist, die Masse hineinrutschen lassen, zudecken, 1 bis 2 Minuten stokken lassen, den Deckel abnehmen und 1 weitere Minute stocken lassen.

Links: **Rühreier mit Trüffeln, ein traditionelles Weihnachtsessen.**

Œufs renversés à la tomate

EIPUDDING MIT TOMATENSAUCE

Für 8 Personen: 1 l Milch, 8 Eier, 100 g geriebenen Gruyère, Salz, Pfeffer. Für die Tomatensauce: 12 Tomaten, 1 kleine Scheibe gekochten Schinken, 1 EL Butter, Thymian, 1 Lorbeerblatt, Pfeffer, Salz.

Die Milch leicht salzen, zum Kochen bringen, vom Feuer nehmen und warm stellen.

Die ganzen Eier wie für ein Omelett vermengen, unter weiterem Rühren 1 EL heiße Milch einarbeiten, dann einen zweiten, einen dritten usw. Sobald die Eier heiß sind, den Rest der Milch und den Käse auf einmal hinzugeben und gut vermengen. In eine rechteckige, feuerfeste und gebutterte Form umfüllen und im Wasserbad im Ofen 30 Minuten stocken lassen. Mit einer Messerspitze prüfen: sie muß trocken bleiben, wenn man sie aus der Masse herauszieht. 5 Minuten ruhen lassen, auf eine heiße Anrichteplatte stürzen. Mit der Tomatensauce überziehen.

Während die Eier stocken, die Tomatensauce zubereiten: die Tomaten vierteln und die Kerne sowie das überflüssige Wasser durch leichtes Auspressen entfernen. Mit etwas Thymian und 1 Lorbeerblatt in einer Kasserolle erhitzen, salzen, pfeffern und den in dünne Streifen geschnittenen Schinken hinzufügen (nicht unbedingt notwendig). Sobald die Tomaten ihr Wasser ausgeschwitzt haben, die Temperatur senken und 20 Minuten sanft köcheln lassen. Nach Erreichen der richtigen Konsistenz durch ein Sieb passieren und in einem Wasserbad warm stellen. Kurz vor dem Servieren mit einem Stück Butter verfeinern.

Œufs pochés à la lyonnaise

POCHIERTE EIER »LYONNAISE«

Man benötigt: 8 Eier, 12 kleine weiße Zwiebeln, 1 EL Butter, 2 EL Mehl, 1 Glas entfettete Bouillon, 1 Glas Milch, 2 EL geriebenen Gruyère, 1 Madeira-Glas Essig.

In eine mit kochendem Wasser gefüllte Kasserolle den Essig geben und die Eier pochieren. Auf einem Tuch abtropfen lassen. Die Zwiebeln fein hacken, mit kochendem Wasser blanchieren, abtropfen lassen und in der zerlassenen Butter anschwitzen; sie sollten kaum Farbe annehmen. Anschließend mit dem Mehl überstäuben und mit der Milch sowie der Bouillon eine helle Mehlschwitze herstellen. Gut durchrühren (die Sauce sollte eindicken). Abschmecken. Eine feuerfeste, gefettete Form mit der Hälfte der Sauce füllen, die Eier einlegen und mit der restlichen Sauce bedecken. Mit dem geriebenen Käse bestreuen und im Ofen bei starker Hitze schnell gratinieren.

Œufs berrichons

GEFÜLLTE HARTE EIER

Die Eier hart kochen, der Länge nach halbieren, das Eigelb auslösen. 2 oder 3 Petersilienstengel, 1 kleine Zwiebel und 1 Knoblauchzehe hacken, salzen, pfeffern und alles mit 3 EL Crème fraîche und dem Eigelb gut vermischen. Die Eiweißhälften mit dieser Mischung füllen, in eine leicht geölte, feuerfeste Form geben und bei milder Hitze die Oberfläche leicht bräunen.

Rechts: **Pilze werden im Hause Monet sehr geschätzt und häufig mit Rühreiern serviert.**

Œufs Orsini

EIER »ORSINI«

Kinderleicht. Gelingt immer. Muß sofort serviert werden. Sechs Eier aufschlagen, Eigelb und Eiweiß trennen, das Eiweiß in eine Schüssel geben, das Eigelb jeweils in den Eierschalen belassen. Möglichst den Hahnentritt entfernen (das Eigelb darf auf keinen Fall auslaufen). Die Eierschalen mit Hilfe eines Tuches fest verkeilen. Das Eiweiß salzen und so steif schlagen, daß man einen Teelöffel darauflegen kann, ohne daß dieser einsinkt.

Eine feuerfeste Form buttern und den Eiweißblock auf einmal hineingeben, mit einem Holzlöffel glatt streichen, sechs Vertiefungen in den Eischnee drücken, die nicht zu dicht beieinander liegen dürfen, die Eigelbe hineingleiten lassen, pfeffern. Die ganze Oberfläche mit 2 Löffeln geriebenem Käse bestreuen und mit kleinen Butterflöckchen belegen.

Auf den Boden des nicht zu heißen Ofens stellen (keine Oberhitze!). Nach $^1/_2$ Stunde sind die Eigelbe fest geworden. Sofort servieren.

SAUCEN

Sauce béarnaise

SAUCE BÉARNAISE

2 Schalotten, 3 Eigelbe, 100 g Butter, 1 Kräuterstrauß bestehend aus Thymian, Lorbeerblatt und Petersilie, Weißweinessig, Estragon, Kerbel.

100 g Butter zerlassen, etwas abkühlen lassen. Die Schalotten fein hacken, mit ½ Glas Essig und dem Kräutersträußchen sanft kochen lassen, bis der Essig völlig verkocht ist. Den Topf vom Herd nehmen, abkühlen lassen. Sobald die Masse lauwarm ist, den Kräuterstrauß entfernen und das Eigelb unter ständigem Rühren einarbeiten. Die Butter unterschlagen. Salzen und pfeffern. Zum Schluß einen Zweig Estragon und einen Zweig Kerbel fein hacken und unterziehen.

Sauce raifort, dite Radimsky

MEERRETTICHSAUCE

Meerrettich fein reiben (einen kleinen Teller voll). 5 Eier hart kochen. Das Eigelb zerdrükken und mit dem Meerrettich zu einer Paste verrühren. Das Eiweiß sehr fein hacken und mit der Meerrettichpaste vermengen.

3 kleine Zwiebeln und 1 Handvoll Kräuter (Schnittlauch, Petersilie, Kerbel) fein hacken, unter den Meerrettich ziehen, einige Kapern beifügen, salzen, pfeffern, mit etwas Fleischbrühe und 1 TL Essig vermengen und mit Öl binden.

Sauce à la hollandaise

SAUCE HOLLANDAISE

125 g kalte Butter in kleine Stücke schneiden, bei milder Hitze nach und nach mit 2 Eigelb, Salz und 1 kleinem Löffel Essig vermengen. Ständig vorsichtig umrühren, bis die Butter ganz geschmolzen ist. Die Sauce sollte eine breiförmige Konsistenz bekommen. Notfalls im Wasserbad arbeiten. Der Essig kann durch den Saft einer halben Zitrone ersetzt werden. Wünscht man eine sämigere Sauce, kurz vor dem Servieren 5 EL Schlagsahne unterziehen.

Sauce tartare

SAUCE TARTARE

3 Eier, 3 Schalotten, 2 Petersilien- oder Kerbelstengel, 6 Schnittlauchstengel oder 2 Estragonzweige, Dijon-Senf, Erdnußöl, Weißweinessig, Kapern.

Die Eier hart kochen, das Eigelb zerdrükken und mit zwei EL Senf verrühren, 1 TL Essig und die feingehackten Kräuter unterziehen. Wie bei einer Mayonnaise 4 EL gutes Erdnußöl tropfenweise einarbeiten, salzen, pfeffern.

Diese Sauce paßt zu allen Fischgerichten, vor allem zu gegrilltem Aal, sowie zu kaltem Fleisch und Geflügel.

Sauce mayonnaise

Mayonnaise

Paßt zu Geflügel und kaltem Fisch.

1 Eigelb, Pfeffer, Salz und einige Tropfen Essig in eine Schüssel geben, mit einem silbernen Löffel verrühren und tropfenweise unter ständigem Rühren Öl einarbeiten. Sobald die Sauce die gewünschte Konsistenz erreicht hat, abschmecken und gegebenenfalls etwas Essig hinzufügen. Man kann auch mit gehacktem Kerbel oder Schnittlauch abschmecken. Wird der Essig durch Zitronensaft ersetzt, bekommt die Sauce einen feineren Geschmack.

Damit die Sauce sich leichter bindet, alle Zutaten 2 Stunden vor der Verarbeitung aus dem Kühlschrank nehmen, so daß sie Zimmertemperatur bekommt. Am wichtigsten aber ist es, sorgfältig zu rühren und sich Zeit zu lassen.

Sauce à la tomate

Tomatensauce aus Tomatenmark

1 EL Butter, 2 EL Mehl, ½ l Milch, 2 EL Tomatenmark. Butter und Mehl in eine Kasserolle geben und bei schwacher Hitze zu einem glatten Teig verarbeiten, vom Feuer nehmen und nach und nach die kochendheiße Milch unterrühren. Abschmecken. Noch einmal unter ständigem Rühren bei schwacher Hitze aufkochen lassen. Das Tomatenmark hinzufügen, umrühren und servieren, sobald die Sauce sehr heiß ist.

Folgende Doppelseite:
Zwiebeln und Schalotten werden für die aufgeschlagene Buttersauce gehackt, die zu dem sonntäglichen Hecht gereicht wird (Rezept S. 156).

Sauce tomate

Tomatensauce aus frischen Tomaten

Reife Tomaten vierteln und Kerne sowie Wasser durch leichtes Auspressen entfernen. Mit etwas Thymian und 1 Lorbeerblatt in eine Kasserolle geben, salzen und pfeffern, und bei milder Hitze köcheln lassen, bis ein Püree entsteht. Durch ein Sieb streichen und im Wasserbad warmhalten. Kurz vor dem Servieren mit Butter und, je nach Geschmack, etwas magerem, gekochtem Schinken verfeinern.

Sauce au beurre blanc

Aufgeschlagene Buttersauce

5 bis 6 Schalotten fein hacken und mit gutem, trockenen Weißwein bedecken (ungefähr 1 dl). Sanft köcheln lassen, bis das Gemisch eindickt. Anschließend ½ Pfund kalte Butter portionsweise einarbeiten. Die Sauce darf nicht mehr kochen. Salzen und pfeffern.

Sehr heiß zu Fisch, vor allem zu gekochten Hecht, reichen.

V O R S P E I S E N

Oignons blancs farcis (Charlotte Lysès)

GEFÜLLTE WEISSE ZWIEBELN

Die Zwiebeln blanchieren und aushöhlen. Die Farce zubereiten: Reste von Schweinebraten, Huhn oder Kalbsleber mit Schnittlauch, Kräutern, geriebenem Gruyère und hartem Ei vermengen. Die Zwiebeln damit füllen. Mit geriebenem Käse bestreuen und im Ofen überbacken. Nach Belieben kalt oder warm servieren.

Tomates farcies

GEFÜLLTE TOMATEN

Reife Tomaten wählen, das obere Viertel abschneiden, aushöhlen. Das Fruchtfleisch in eine Kasserolle geben und bei starker Hitze zum Kochen bringen, einige Male Blasen werfen lassen und anschließend durch ein Sieb drücken. Das Püree mit einem Kräuterstrauß in die Kasserolle zurückgeben, salzen und pfeffern. Einkochen lassen. Den Kräuterstrauß entfernen. Altbackenes Weißbrot in Fleischbrühe einweichen.

Fetten Speck, Petersilie, Knoblauch und Schalotten hacken, vermengen und in heißem Öl anschwitzen. Sobald alles Farbe angenommen hat, das gut ausgedrückte Weißbrot sowie das Tomatenpüree unterziehen und mit Eigelb binden. Falls vorhanden, fein gehackte Champignons hinzufügen.

Die Tomaten mit der Farce füllen, mit etwas in Bouillon eingeweichten Bröseln bestreuen und in einer feuerfesten Form im Ofen garen. Kalt oder warm servieren.

Links: **Von Charlotte Lysès stammt ein von Monet übernommenes Rezept für gefüllte Zwiebeln.**

Auberginen farcies

GEFÜLLTE AUBERGINEN

Die Auberginen der Länge nach halbieren, das Fruchtfleisch mit einem Messer mehrmals einschneiden, mit grobem Salz bedekken und 1 Stunde Wasser ziehen lassen. Abtupfen, mit Mehl bestäuben und in heißem Olivenöl braten, bis sie gar, aber nicht verkocht sind. Das Fett abtropfen lassen, die Hälften aushöhlen, ohne das Fruchtfleisch zu beschädigen. 1 oder 2 Handvoll Champignons, Petersilie, 1 oder 2 Schalotten, Knoblauch (nach Belieben) hacken, salzen und pfeffern und in Öl andünsten, Tomatenpüree und das grob gehackte Fruchtfleisch der Auberginen hinzufügen, gut vermengen, die Auberginenhälften damit füllen, mit Semmelbröseln bestreuen und gratinieren. Mit einem Tomatencoulis (einer nicht zu dicken, hellen Tomatensauce) servieren.

Fonds d'artichauts farcis

GEFÜLLTE ARTISCHOCKENBÖDEN

Um 6 Artischockenböden zu füllen, benötigt man 250 g Zwiebeln, 4 bis 6 Schalotten, 1½ Gläser Bouillon, 1 EL Tomatenmark, 1 Knoblauchzehe, 250 g Champignons, Semmelbrösel, 2 gehäufte EL Butter, Speckstreifen, Öl. Die Artischocken ohne Blätter und mit Speckstreifen umwickelt kochen. Zwiebeln, Schalotten, Knoblauch und Champignons hacken, mit dem Tomatenmark vermischen, salzen und in einem Gemisch aus Butter und Öl anbraten, mit der Bouillon auffüllen, einkochen lassen. Die Artischockenböden damit füllen, mit Semmelbröseln bestreuen und gratinieren.

Truffes à la serviette

Serviettentrüffeln

Die Trüffeln sorgfältig waschen, mit einer Bürste abbürsten und dünn schälen. Eine Kasserolle mit dünnen Speckscheiben auslegen, die Trüffeln hineingeben und mit gutem, trockenem Weißwein auffüllen, so daß sie bedeckt sind. Zugedeckt eine gute Stunde köcheln lassen. Die Trüffeln abtropfen lassen und in einer heißen Serviette auf heißen Tellern servieren, dazu Butter reichen.

Cèpes à la bordelaise

Steinpilze »bordelaise«

1 kg Steinpilze, 2 Knoblauchzehen, Öl, altbackenes Weißbrot.

Die Steinpilze gut säubern. Nicht waschen. Die Köpfe von den Stielen trennen. Soviel Öl in einer Pfanne erhitzen, daß die Pilze bedeckt werden. Sobald das Öl heiß ist, die Pilze einlegen. Pfeffern. Mindestens 1 Stunde bei milder Hitze schmoren lassen. Salzen. Unterdessen das altbackene Weißbrot zu feinen Bröseln zerreiben und durch ein Sieb passieren. Kurz vor dem Servieren die Steinpilze auf eine heiße Anrichteplatte geben, warm stellen, nur soviel Öl in der Pfanne lassen, wie die Brösel aufsaugen können, schnell bei starker Hitze erhitzen, ohne sie braun werden zu lassen, als Kranz um die Steinpilze anrichten und sehr heiß servieren.

Rechts: Ein Ausschnitt aus den »Carnets de cuisine«.

MA RECETTE POUR LES CÈPES

Mein Rezept für Steinpilze

Die erdigen Enden der Stiele entfernen, die Pilze säubern und die Haut abziehen, die Stiele feinhacken, in eine feuerfeste Form geben, die Köpfe darauflegen und mit reichlich Olivenöl übergießen. Den Herd schwach vorheizen. Die Pilze solange bei milder Hitze garen, bis das Öl sehr klar geworden ist, dann mit gehacktem Knoblauch und feingewiegter Petersilie bestreuen, salzen und pfeffern. Während des Garens die Köpfe öfters mit dem Öl aus der Form übergießen. Wieder aufgewärmt, schmeckt das Gericht noch besser.

38
Recette des Girolles
Coupez les queues des champignons et partagez
les gros en deux. Laissez les tremper une
heure dans de l'eau afin que le sable se
détache, lavez les ensuite à plusieurs eaux
et laissez égoutter.
Prenez, pour 1 kg. de girolles, un demi quart
de lard de poitrine haché, un bon morceau
de saindoux, dans lequel vous faites revenir
le lard. Mettez y les champignons, et un
peu de poivre et peu de sel (le lard
sale presque suffisamment)
Laissez cuire environ 1 heure et demie
afin que l'eau que jette les girolles soit
réduite complètement. Cinq minutes avant
de servir prenez une gousse d'ail hachée
menue avec du persil que vous mettez
dans les champignons
Les girolles sont aussi bonnes, presque
meilleures qu'à la première fois réchauffées
au bain-marie

Purée de champignons

Champignon-Püree

Die Champignons gut waschen und abtrocknen, in dünne Scheiben schneiden. In einer Kasserolle Butter zerlassen, mit heißem Wasser auffüllen, etwas Zitronensaft hinzugeben und salzen. Sobald die ersten Blasen aufsteigen, die Champignons hineingeben. Sobald sie gar sind, abgießen (etwas Kochflüssigkeit auffangen) und zu einem Püree zerstampfen. Butter zerlassen; sobald sie heiß ist, etwas Mehl darüberstäuben, gut vermengen, keine Farbe annehmen lassen. Mit etwas Milch ablöschen, gut durchrühren, sobald die Menge teigartig ist, mit etwas Kochflüssigkeit verdünnen, vorsichtig erhitzen und mit dem Champignon-Püree gut vermengen, sobald es siedet. Heiß servieren.

Recette de girolles (Mallarmé)

Pfifferlinge (Mallarmé)

Man benötigt: 1 kg Pfifferlinge, 125 g Bauchspeck, 100 g Schweineschmalz, 1 Knoblauchzehe, Petersilie.

Die erdigen Enden der Stiele entfernen, die Pilze gut abreiben, bis aller Sand entfernt ist, nicht waschen, die größeren halbieren. Den Speck in kleine Würfel schneiden und in dem Schmalz auslassen, die Pfifferlinge hinzugeben, pfeffern, aber aufgrund des Specks nur wenig salzen. 1½ Stunden auf schwachem Feuer garen, bis das Pilzwasser vollständig verdunstet ist. – 5 Minuten vor dem Servieren die gehackte Knoblauchzehe und die feingewiegte Petersilie hinzugeben. – In einem Wasserbad wiederaufgewärmt, schmecken die Pilze mindestens genauso gut, wenn nicht noch besser.

Gratin de champignons

Champignon-Gratin

200 g Champignons, 1 gehäufter EL Butter, 1 EL gehackte Schalotten, 1 gestrichener EL Mehl, 1 EL Cognac, Crème fraîche, Salz, Pfeffer.

Die erdigen Stiele der Champignons abschneiden und die Pilze gut abreiben, notfalls abbürsten, um den Sand zu entfernen, wenn möglich, nicht waschen.

In einer Kasserolle, die nicht zu groß sein sollte, die Butter zerlaufen lassen und die Schalotten sowie die geviertelten Champignons hinzugeben, zudecken und bei mäßiger Hitze 10 Minuten schmoren lassen.

Mit dem Cognac ablöschen, weitere 2 Minuten köcheln lassen. Unterdessen das Mehl mit der Crème fraîche verrühren und über die Champignons gießen. Unter ständigem Rühren weiterköcheln lassen, abschmecken. Sobald die Pilze gar sind, in eine feuerfeste Form geben und einige Minuten in dem sehr heißen Ofen gratinieren.

Aubergines aux tomates

Auberginen mit Tomaten

Man benötigt: 12 Auberginen, 12 große Tomaten, 100 g Butter, 6 Schalotten, 1 oder 2 Knoblauchzehen, Kräuter, Semmelbrösel, Olivenöl.

Die Auberginen ungeschält in Scheiben schneiden und 1 Stunde in grobem Salz Wasser ziehen lassen. Die Tomaten schälen, aushöhlen, in Scheiben schneiden und in Butter zusammen mit den Schalotten, feingehackter Petersilie, Kerbel und Estragon nicht zu gar dünsten; Thymian und Gewürznelke in ein Stück Mull wickeln und mit in die Kasserolle geben.

Eine feuerfeste Form ölen und je eine Lage Auberginen und eine Lage Tomaten abwechselnd einschichten, mit Semmelbröseln bestreuen und bei milder Hitze 2 bis 3 Stunden gratinieren. Überwachen.

Haricots rouges à l'étuvée

Gedünstete rote Bohnen

Für 6 Personen benötigt man: etwas mehr als 2 Gläser getrocknete rote Bohnen, Zwiebeln, 1 dicke Scheibe Bauchspeck, die gleiche Menge geräucherten Schinken, Schmalz, 6 Wiener Würstchen, Rotwein, Thymian, Lorbeer.

Die Bohnen mindestens 6 Stunden in Regenwasser einweichen; in dem gleichen Wasser mit ½ EL grobem Salz, 1 oder 2 Zwiebeln (je nach Größe) und 1 Kräutersträußchen aus Thymian und Lorbeer aufsetzen.

Bei mäßiger Hitze zugedeckt mindestens 2 Stunden köcheln lassen; das Wasser sollte nie zu stark sprudeln, damit die Bohnen sich mit Wasser füllen, aber nicht aufplatzen. Sobald sie weich, aber noch nicht völlig gar sind, abgießen; die Kochflüssigkeit auffangen. Die Bohnen bedeckt aufbewahren, damit sie nicht austrocknen.

In einer hohen Pfanne 1 gehäuften EL Schweineschmalz auslassen und den Speck, den Schinken und die Würstchen hineingeben und Farbe annehmen lassen. Die Bohnen, 1 Glas Rotwein und ungefähr 4 Gläser Kochflüssigkeit zuschütten, mit einem überstehenden Stück Papier abdecken und mit einem genau passenden Deckel abschließen, so daß der Dampf nicht entweichen kann. Bei milder Hitze kochen lassen. Von Zeit zu Zeit überprüfen, ob das Gericht gar ist, aber nicht umrühren. Wenn das Gericht fertig ist, befindet sich nur noch wenig Sauce im Topf.

Haricots secs à la provençale

Getrocknete weisse Bohnen »provençale«

2 l getrocknete weiße Bohnen, eingeweicht, 4 EL Olivenöl, 50 g Butter, 2 Zwiebeln, 1 gekochtes Gänsebein, Kräuterstrauß, Petersilie, Fleischbrühe, Muskat.

Die Bohnen mit etwas Fleischbrühe, Öl, Butter, den in Ringe geschnittenen Zwiebeln, etwas gehackter Petersilie, dem Kräuterstrauß und dem Gänsebein in ein irdenes Gefäß geben.

Im Ofen bei milder Hitze mindestens 4 Stunden garen lassen, so daß sie, sobald sie weich sind, gleichzeitig auch gut gebunden sind.

Auf die gleiche Art können auch andere Trockengemüse wie z.B. Linsen zubereitet werden.

Paté de pommes de terre

Kartoffelpastete

Für 8 Personen.

Einen Mürbeteig zubereiten und eine Terrine damit auskleiden. Eine Schicht in dünne Scheiben geschnittene Kartoffeln einlegen, mit Zwiebelringen und gehackter Petersilie bestreuen (man benötigt ungefähr 6 mittelgroße Kartoffeln). Salzen, pfeffern und drei gehäufte EL Crème fraîche dazugeben und mit einer Schicht Mürbeteig bedecken.

Ein Stück Karton zu einem »Kamin« rollen und durch die Deckschicht stoßen, damit während des Garens der Dampf entweichen kann. 1 Ei verrühren und die Oberfläche damit bestreichen. Bei mittlerer Hitze 2 Stunden garen.

Sollte die Pastete vorher schon gebräunt sein, mit einem gebutterten Pergamentpapier abdecken.

Carottes fermières

Karotten nach Landfrauenart

Dicke, rote Karotten in Scheiben schneiden und in Salzwasser kochen; kurz bevor sie gar sind, abgießen und die Kochflüssigkeit auffangen.

Eine helle Mehlschwitze herstellen, feingehackte Kerbel, Petersilie und (wenig) Estragon unterziehen, abschmecken, mit etwas Kochflüssigkeit ablöschen, kurz aufkochen lassen und etwas Zitronensaft, Zucker und die Karotten hineingeben. Während des Garens ein- oder zweimal mit etwas Kochflüssigkeit verdünnen. So zudecken, daß der Dampf entweichen kann.

Nach einer Stunde sind die Karotten glaciert. Als Beilage zu einem Schmorbraten reichen.

Welsh Rarebit (recette anglaise)

Welsh rare bit (englisches Rezept)

Für 10 Personen: 10 ca. 1 cm dicke, nicht zu frische Brotscheiben, 200 g englischen Käse (Gloucester oder Chester oder Cheddar), helles Bier, Senf, Pfeffer, Butter.

Die Kruste von den Brotscheiben entfernen, zu regelmäßigen Rechtecken schneiden, von beiden Seiten leicht antoasten, warmhalten.

In einer Pfanne den in feine Scheiben geschnittenen Käse, 4 EL Bier, 1 gehäuften TL Senf und 1 kräftige Prise Pfeffer bei milder Hitze heiß machen, ständig umrühren, nicht zum Kochen bringen.

Die getoasteten Brotscheiben buttern und mit einem EL des geschmolzenen Käses belegen. Da das Gericht sehr heiß serviert werden soll, muß man schnell arbeiten.

Galettes de fromage

Käse-Galettes

200 g Quark und 1 ganzes Ei gut miteinander vermengen und nach und nach 100 g Mehl einarbeiten. Sobald die Masse homogen ist, kleine runde Scheiben formen und in heißer Butter ausbacken.

Ramequins de fromage

Käsetörtchen

Für 6 Personen.

In einer Schüssel ungefähr 300 g Quark mit 2 EL Mehl und 2 ganzen Eiern vermengen, salzen und pfeffern und in kleine mit geriebenem Käse bestreute Förmchen (sogenannte ramequins) nur bis zur Hälfte füllen. Auf die Oberfläche ein erbsengroßes Stück Butter geben. Ungefähr 20 Minuten im heißen Ofen backen.

Soufflé au fromage

Käse-Soufflé

Für 2 Personen.

2 EL Mehl, ¼ l Milch, 1 gehäuften EL Butter, 60 g geriebenen Gruyère, 2 Eier.

Die Butter bei milder Hitze zerfließen lassen und das Mehl unter Rühren einarbeiten, bis alle Butter aufgesogen ist. Die kalte oder heiße Milch unter ständigem Rühren nach und nach einarbeiten. Es soll ein relativ dicklicher, nicht zu flüssiger Brei entstehen. Die Kasserolle vom Feuer nehmen und zuerst ein Eigelb und dann das zweite mit der Einbrenne gut verbinden. Jetzt den geriebenen Käse unterziehen. Pfeffern und salzen.

Das Eiweiß sehr steif schlagen und unter die Masse ziehen (nicht durchschlagen). Eine gut gebutterte (oder geölte) Soufflé-Form höchstens bis zur Hälfte damit füllen. In den gut vorgeheizten Ofen schieben und ungefähr 20 Minuten backen. Während der Garzeit den Ofen auf keinen Fall öffnen. Sofort servieren.

GEFLÜGEL

Poulet aux oignons

Huhn mit Zwiebeln

1 großes Huhn, 16 bis 20 Zwiebeln (je nach Größe), 250 g Butter, Mehl, Petersilie, Zukker, Salz und Pfeffer.

Das Huhn in heißer Butter anbraten. Einige Zwiebeln vierteln und das Huhn damit umlegen. Wenn das Huhn auf allen Seiten gut gebräunt ist, mit wenig (sehr wenig) Mehl bestäuben, salzen, pfeffern und 2 Petersilienstengel hinzugeben, zudecken und garen. Von Zeit zu Zeit den Deckel lüpfen, damit der Dampf entweichen kann, und dabei darauf achten, daß die Zwiebeln nicht ansetzen. Nach der Hälfte der Garzeit ½ Glas heiße Fleischbrühe oder auch heißes Wasser zuschütten. In einer anderen Kasserolle ein Dutzend kleiner Zwiebeln in Butter schmoren, mit etwas Zucker überstreuen, salzen und pfeffern. Das Huhn mit den Zwiebeln zusammen servieren.

Poulet frit

Backhendl (aus Resten)

Gutes Rezept zur Verwertung von Huhnresten.

Aus 250 g Mehl, 1 Ei, 1 Glas Wasser und 1 Prise Salz einen Teig herstellen. Unbedingt 2 Stunden ruhen lassen.

Das gekochte oder gebratene Geflügel in Stücke schneiden, in den Teig tauchen und in heißem Öl ausbacken. Zuerst das kleinste Stück nehmen, um herauszufinden, ob das Öl die richtige Temperatur erreicht hat.

Links: **Das Geflügel wird sorgfältig ausgesucht. Hier der Kapaun für Weihnachten (Rezept für gefüllten Kapaun S. 134).**

Poulet en gelée

Huhn in Aspik

Für das Aspik benötigt man 500 g Hesse, 500 g Kalbshaxe, 2 große Speckschwarten, 1 Kräuterstrauß, 2 Eier, 1 Glas Madeira.

Am Vorabend mit dem Fleisch und dem Kräuterstrauß eine Brühe zubereiten (nach Belieben einige Karotten- und Zwiebelscheiben hinzufügen). Sechs Stunden köcheln lassen. Durchsieben, die Brühe auffangen. Abkühlen lassen und entfetten (da das Kühlen viel Zeit in Anspruch nimmt, ist es empfehlenswert, den Kochtopf an den kältesten Platz im Haus oder sogar ins Freie zu stellen).

Die Brühe mit dem zu festem Schnee geschlagenen Eiweiß und dem Madeira wieder erhitzen. Sollte die Brühe nicht klar werden, den Vorgang wiederholen. Wieder abkühlen lassen.

Das Huhn im Ofen mit Butter braten, von Zeit zu Zeit mit Brühe begießen, falls der eigene Saft nicht ausreichen und das Fleisch trocken werden sollte. Das Huhn soll nicht zu braun werden. Sobald es gar ist, die Haut entfernen, das Huhn entbeinen und in Stücke schneiden. In eine Terrine einschichten und beim Einschichten laufend mit Brühe begießen.

Die Terrine mit einem Mulltuch bedekken und im Keller aufbewahren. Kurz vor dem Servieren die Hühnerstücke aus der Terrine nehmen und auf der Servierplatte anrichten.

Poulet en cocotte

Geschmortes Huhn

Mageren, gewürfelten Speck und in Scheiben geschnittene Zwiebeln in heißer Butter anbraten; sobald sie eine gefällige Farbe aufweisen, herausnehmen und statt dessen das Huhn in den Topf legen. Das Huhn ringsum kräftig anbraten, Zwiebeln und Speckwürfel wieder in die Kasserolle geben und mit 1 Glas Weißwein ablöschen. Abschmekken. Hermetisch verschließen und bei sanfter Hitze, möglichst im Ofen, fertig garen. 20 Minuten vor dem Ende der Garzeit einige Champignons in den Topf geben und dabei gleichzeitig die Küchenschnur lösen, mit dem das Huhn zusammengebunden ist.

Poulet au beurre d'écrevisse

Huhn mit Krebsbutter

Man benötigt ein kräftiges, fleischiges Huhn, Butter, Krebskarkassen, -schwänze und -beine, ½ l Weißwein, Karotten, Zwiebeln und Kräutersträußchen. Die Butter vorbereiten: 250 g Butter mit 2 EL heißem Wasser verarbeiten, bis man eine glatte, sämige Creme erhält. In einem Mörser die Krebsreste fein zerstampfen (man benötigt zweimal soviel Krebsreste wie Butter). Das so erzielte Püree mit der Creme-Butter gut vermischen.

Einen Sud mit ½ l Weißwein und ebensoviel Wasser, Karotten, Zwiebeln und Kräutersträußchen bereiten, salzen, pfeffern und zum Kochen bringen. Das Huhn in den kochenden Sud geben und ungefähr 1 Stunde sanft köcheln lassen.

Die Krebsbutter mit etwas Kochflüssigkeit verdünnen und mit etwas Stärkemehl binden. Das Huhn damit übergießen und sehr heiß servieren.

Poulet chasseur

Huhn auf Jägerart

Man rechnet 1 (möglichst mit Körnern gefüttertes) Huhn für 4 Personen. Das Huhn zerteilen und die Stücke in einem Butter-Öl-Gemisch anbraten. Sobald sie eine schöne Farbe angenommen haben, ohne wirklich braun geworden zu sein, aus dem Fett nehmen und beiseitestellen. 250 g geputzte und der Länge nach (Kopf und Stiele) halbierte Champignons in der Pfanne anbraten, notfalls 1 EL Öl nachgießen. Sind sie gut angebraten, mit 1 großen Glas Weißwein ablöschen, kurz einkochen lassen. 3 in Scheiben geschnittene, entwässerte und entkernte Tomaten und etwas Tomatenmark zu den Pilzen geben. Hat man keine frischen Tomaten zur Hand, mehr Tomatenmark verwenden. Abschmecken und mit 1 kleinen Estragonzweig würzen. Einkochen lassen, mit 1 Glas Fleischbrühe wieder verflüssigen, gut 10 Minuten köcheln lassen. Die Hühnerstücke und den in der Zwischenzeit ausgetretenen Saft wieder in die Pfanne geben, sanft köcheln lassen. Das Huhn auf der Servierplatte anrichten und warm halten. Die Sauce eindicken, falls sie zu dünn ist; vor dem Servieren das Huhn damit überziehen.

Poulet sauté gastronome

HUHN MIT ARTISCHOCKEN UND TRÜFFELN

Außer dem Huhn benötigt man 4 Artischocken, 1 kleine Trüffel und Weißwein.

Die Artischocken kochen, bis sich die Blätter mühelos lösen lassen. Blätter und Heu entfernen, die Böden putzen, ohne sie zu beschädigen. In Würfel schneiden. Die Trüffel leicht schälen, abreiben, nicht waschen. In feine Scheiben schneiden.

Das Huhn in einer Schmorpfanne mit wenig Butter und 1 Glas Weißwein anschmoren, salzen und pfeffern. Sobald es Farbe angenommen hat, in den Ofen schieben. Wenn es gar ist, die Sauce mit einem weiteren Glas Weißwein verlängern und die Artischockenwürfel sowie die Trüffelscheiben hinzugeben. Nach 10 Minuten sehr heiß servieren.

Poulet à la périgourdine

HUHN MIT SCHALOTTEN

Das Huhn zerlegen und in einem Bräter in reichlich Butter anbraten. Sobald die Stücke gut gebräunt sind, herausnehmen und statt dessen 3 gehackte und 4 ganze Schalotten hineintun, Farbe annehmen lassen, die Hühnerteile und den inzwischen ausgetretenen Fleischsaft wieder in den Bräter geben, salzen und pfeffern. Bei milder Hitze garen. Von Zeit zu Zeit wenden. Kocht die Flüssigkeit zu stark ein, mit ein wenig Weißwein ablöschen. Vor dem Servieren die ganzen Schalotten entfernen.

Poulet au cerfeuil

HUHN MIT KERBEL

Ein fleischiges Huhn zerlegen, die Stücke in Fett anbraten (das Fett soll leicht rauchen). Sobald die Stücke gut gebräunt sind, ein mit Petersilie, Nelke, Lorbeer und Thymian gefülltes Säckchen hinzufügen. Mit 1 großen Glas Weißwein ablöschen, abschmecken, leicht einkochen lassen. Das Säckchen entfernen.

1 großes Stück Butter mit etwas Mehl und viel feingehacktem Kerbel verarbeiten und zu kleinen Bällchen formen, nach und nach die Sauce damit binden, sehr heiß servieren.

Poulet à l'estragon

HUHN MIT ESTRAGON

Das Huhn ausnehmen, einige Estragon-Zweige in die Bauchhöhle geben, zunähen, mit Speckstreifen umwickeln und in Form binden (bridieren).

Aus Zwiebeln, 1 Kräuterstrauß, 2 Karotten, grobem Salz, Pfefferkörnern und 1 oder 2 Estragon-Zweigen einen Sud aufsetzen, zum Kochen bringen. Nach den ersten größeren Blasen das Huhn hineingeben und garen.

Eine Schöpfkelle Kochflüssigkeit mit etwas Stärkemehl binden, köcheln lassen, mit einem hölzernen Kochlöffel gut durchrühren, weitere Flüssigkeit unterziehen, bis die gewünschte Konsistenz erreicht ist, in eine Sauciere umfüllen, mit einigen gehackten Estragonblättern bestreuen und zum Huhn servieren.

Poulet grillé

Gegrilltes Huhn

1 kleines, mit Körnern ernährtes Huhn der Länge nach auf der Bauchseite ganz öffnen, flachdrücken, salzen, pfeffern und mit weicher Butter bestreichen. Im heißen Herd ¼ Stunde garen lassen, anschließend das Huhn auf den Grill geben und von Zeit zu Zeit umdrehen, so daß es gleichmäßig gebräunt wird. Insgesamt muß man mit 45 Minuten rechnen. Das Huhn vor dem Servieren mit zerlassener Butter übergießen, mit Petersilie oder Brunnenkresse garnieren und mit Zitronenscheiben umlegen.

Chapon farci

Gefüllter Kapaun

Für ungefähr zehn Personen. 1 fleischigen, mindestens 3 kg schweren Kapaun wählen und wie gewohnt rupfen und ausnehmen. Aus 2 großen, in Alu-Folie im Kamin gegarten Zwiebeln, 1 Scheibe Schinken, der Leber und dem Magen des Kapauns, 1 Handvoll einfacher Wildpilze sowie einigen Morcheln eine Farce herstellen: alles feinhacken, salzen und pfeffern, Crème fraîche unterziehen, in 1 gehäuften EL Butter vorsichtig anschwitzen, abkühlen lassen, mit 2 Eigelb binden und mit 1 Glas Madeira abschmecken. Ist die Farce zu flüssig, in Milch eingeweichtes und gut ausgedrücktes altbackenes Brot einarbeiten.

Den Kapaun damit füllen. In Form binden (bridieren), den Faden dabei fest anziehen, mit zerlassener Butter bestreichen, mit dem Hals des Kapauns, einigen Karotten und einem kleinen Kräuterstrauß aus Petersilie und Thymian umlegen und in den Ofen schieben. Regelmäßig mit dem austretenden Saft übergießen. Bei milder Hitze gut 2 Stunden garen.

Rechts: Ein Ausschnitt aus den »Carnets de cuisine«.

Coq au vin

Hahn in Rotwein

Für 4 Personen: 1 ca. 2 kg schwerer Hahn, 1 gehäufter EL Butter, magerer Bauchspeck, 12 kleine Zwiebeln, 200 g Champignons, Burgunder, Schnaps, 1 Kräuterstrauß, Mehl.

Den Hahn zerlegen. Den Speck würfeln und in der Butter zusammen mit den Zwiebeln anbraten. Aus dem Bräter nehmen und warm stellen. Die Hahnstücke anbraten, mehrmals wenden. Nach Belieben 1 Knoblauchzehe hinzufügen. Dann den Kräuterstrauß und die Champignons hinzufügen (die Pilze vorher halbieren, falls sie groß sind). Zudecken und 15 Minuten schmoren lassen. Das überschüssige Fett abschöpfen. 1 kleines Glas Schnaps darübergießen, flambieren. 2 große Gläser Burgunder hinzugeben. Zudecken und weitere 30 Minuten köcheln lassen. Mit einer Gabel prüfen, ob das Fleisch gar ist. Herausnehmen, über dem Bräter abtropfen lassen und warm stellen. Butter mit Mehl vermischen und damit die Sauce binden. Gut durchrühren. Sobald die Sauce glatt ist und anfängt, dick zu werden, die Fleischstücke wieder einlegen und erhitzen. Mit gerösteten Brotwürfeln servieren.

Der Hahn schmeckt auch im Wasserbad wiederaufgewärmt ausgezeichnet (in der Zwischenzeit im Keller aufbewahren).

17

ferme. Faites chauffer votre fer à gauffre, roulez un morceau de pâte de grosseur que vous voudrez (selon la grandeur du gauffrier sujet à brûler)

Poulet au beurre d'écrevisses.

Prenez un beau poulet blanc, faites le cuire avec du bouillon ou de jus, un peu de champignons, un peu de citron pour empêcher le poulet de noircir ; prenez une douzaine d'écrevisses, faites les cuire à l'étouffée avec un peu de beurre, carottes et échalote ; pilez-les avec un bon morceau de beurre faites les revenir au beurre dans une casserole, mouillez avec du jus du poulet, passez au tamis ; faites fondre du beurre, mettez un peu de farine ajoutez le jus des écrevisses, faites cuire toujours en remuant la sauce et quand elle est cuite versez au tour du poulet

FLEISCHGERICHTE

Bœuf mode (Marthe Butler)

RINDERSCHMORBRATEN IN WEIN (MARTHE BUTLER)

Gewürfelten Speck in reichlich Butter auslassen, 1 kg Rindfleisch (ohne Knochen) hineingeben und von allen Seiten gut anbraten. Mit 1 Glas Fleischbrühe und 1 Glas Weißwein ablöschen. 5 große, in Scheiben geschnittene Karotten und 1 gewürfelte Zwiebel hinzugeben. Die Flüssigkeitsmenge nach und nach erhöhen, bis insgesamt ½ l Wein und 2 Gläser Brühe eingearbeitet wurden. 1 Stunde vor Ende der Garzeit ½ Glas Schnaps hinzugeben. Der Braten muß 7 Stunden bei milder Hitze garen. Völlig auskühlen lassen, dann stürzen.

Bœuf berrichon

MARINIERTER RINDERSCHMORBRATEN

Das Rindfleisch spicken, in eine Terrine geben, mit 2 EL Essig und 1 EL Weißwein begießen, 1 Knoblauchzehe und 2 mit je 2 Gewürznelken gespickte Schalotten hinzugeben, salzen und pfeffern. An einem kühlen Ort 2 Tage ziehen lassen, das Fleisch dabei zweimal täglich umdrehen. Nicht vergessen, die Terrine mit einem Tuch abzudecken. — 1 gehäuften TL Butter erhitzen und das Fleisch darin von allen Seiten anbraten. Sobald es eine schöne Farbe angenommen hat, mit etwas Fleischbrühe (oder Wasser) und 1 EL der durchgesiebten Marinade ablöschen. Bei sehr schwacher Hitze 6 Stunden garen. Von Zeit zu Zeit etwas Marinade hinzufügen. Den Geschmack der Sauce öfters überprüfen und je nachdem weitere Marinade hinzufügen oder diese durch Fleischbrühe oder Wasser ersetzen. 1 Stunde vor Ende der Garzeit kann man Karotten in den Schmortopf geben.

Links: **Der Rinderschmorbraten in Wein nach einem Rezept von Marthe Butler, am Sonntag in dem blauen Geschirr der Manufaktur von Creil serviert.**

Folgende Doppelseite: **Am Vorabend wurden bei Florimond die frischen Gemüse bestellt.**

Pâté de bœuf

RINDFLEISCHPASTETE

250 g gekochtes Rindfleisch, 1 Zwiebel, 1 Knoblauchzehe, 5 Tomaten, 1 Bund Petersilie, 1 Handvoll Estragon, etwas fetten Speck hakken und mit Muskat, Salz und Pfeffer abschmecken. In reichlich Butter anbraten, öfters wenden. Die Masse muß weich und homogen sein. In eine Schüssel geben und abkühlen lassen.

Aus 250 g Mehl, 1 gehäuften EL Schweineschmalz, der gleichen Menge Butter, 10 g feinem Salz und 1 Glas Wasser einen Teig kneten. Eine Kugel formen, ausrollen. Den Vorgang dreimal wiederholen. Eine feuerfeste Form buttern, mit Teig auslegen, das Rindfleisch hineingeben und mit Teig gut abdekken. Mit Eigelb bestreichen. 1 Stück Karton zu einem »Kamin« rollen und so durch die Deckschicht aus Teig stoßen, daß der entstehende Dampf aus der Pastete entweichen kann. 1 Stunde garen.

Côte de bœuf aux olives

OCHSENRIPPE MIT OLIVEN

1 Ochsenrippe von ungefähr 1 kg auf beiden Seiten in einem Butter-Öl-Gemisch kräftig anbraten, 12 kleine Zwiebeln und gewürfelten Speck hinzugeben, mit einem großen Glas heißem Wasser ablöschen, 1 Kräuterstrauß

und 2 Knoblauchzehen hineingeben, salzen und pfeffern. Hermetisch verschließen. Auf dem Herd zum Kochen bringen, dann in den Ofen schieben (mittlere Hitze) und 2 Stunden garen. 250 g entsteinte und gewässerte grüne Oliven hinzufügen. 1 weitere gute Stunde garen. Das Fleisch herausnehmen und warm halten. Mehl und Butter zu kleinen Kugeln formen und die Sauce damit binden. In einer tiefen Anrichteplatte zusammen mit der Sauce servieren.

Mit den Oliven können auch Champignons zu dem Fleisch gegeben werden.

Entrecôte marchand de vin

Zwischenrippenstück Weinhändler Art

Die Sauce vorbereiten: eine helle Schwitze zubereiten, die mit 2 EL Fleischbrühe verlängert wird. 4 EL Rotwein mit gehackten Schalotten einkochen. Abschmecken. Durch ein Sieb streichen. Gut mit der Schwitze verrühren. Das Zwischenrippenstück grillen und mit der warmgehaltenen Sauce überziehen. Das gleiche Gericht kann auch mit Weißwein zubereitet werden.

Entrecôte bordelaise

Zwischenrippenstück »bordelaise«

Die Sauce vorbereiten: 4 gehackte Schalotten mit Petersilie und etwas pochiertem Rindermark in Butter garen. Das Zwischenrippenstück grillen, umdrehen, die gegrillte Seite mit einem in kochendes Wasser getauchten Messer mit der dicken Sauce bestreichen, fertig grillen und sofort servieren.

Entrecôte à la briarde

Zwischenrippenstück in Senf

Das Zwischenrippenstück auf beiden Seiten dick mit Senf aus Meaux (ein Senf mit geschroteten und nicht gemahlenen Senfkörnern) bestreichen, 2 Stunden ziehen lassen, in Butter braten.

Queue de bœuf en hochepot

Ochsenschwanzragout

Für 10 Gäste benötigt man: 1 Ochsenschwanz, 4 Speckschwarten, 2 Schweinsfüße, das Innere eines Kohlkopfes, 10 kleine weiße Zwiebeln, 250 g weiße Rübchen (Teltower Rübchen), 250 g Karotten, 1 Kräuterstrauß, 2 Knoblauchzehen, 20 Chipolata (scharf gewürzte Würstchen), Weißwein, Fleisch.

Die Gemüse grob würfeln, eine der Zwiebeln mit 1 Gewürznelke spicken, den Ochsenschwanz in portionsgerechte Stücke hakken, die beiden Schweinsfüße halbieren. Einen Schmortopf mit den Speckschwarten auslegen, das Fleisch, die Gemüse, den Kräuterstrauß, den Knoblauch und 1 gehäuften TL grobes Salz daraufgeben, mit ½ l trockenem Weißwein begießen, zudecken und bei mittelstarker Hitze so lange einkochen, bis sich keine Flüssigkeit mehr im Topf befindet. Alles in einen zweiten Schmortopf umfüllen, Kräuterstrauß und Schwarte entfernen, beiseite stellen. Etwas Fleischbrühe in den ersten Schmortopf geben, rasch erhitzen und mit einem Holzlöffel alles, was sich am Boden des Bräters angesetzt hat, gut lösen. Kurz aufkochen lassen, in den zweiten Schmortopf geben. Den Schmortopf hermetisch verschließen (notfalls den Deckel mit in Wasser aufgelöstem Mehl »ankleben«), in den Ofen schieben und mindestens 2 Stunden garen. ¼ Stunde vor dem Auftragen die Chipolatas grillen. Je nach Belieben 30 Minuten vor Ende der Garzeit 1 bis 2 Kartoffeln pro Person in den Bräter geben.

Queue de bœuf en hochepot (Marguery)

Ochsenschwanzragout (Marguery)

Man benötigt: 1 Ochsenschwanz, 4 Speckschwarten, Thymian, Lorbeer, Weißwein, 12 kleine Zwiebeln, 250 g Champignons, 6 Chipolata (scharf gewürzte Würstchen), 1 kg Eßkastanien.

Den in Portionsgrößen zerlegten Ochsenschwanz in den mit den Speckschwarten und den Geschmacksträgern ausgelegten Bräter geben. Im Ofen bei starker Hitze 15 Minuten anbraten. Mit etwas dunklem Fond und 1 Glas Weißwein ablöschen, die Temperatur senken und garen, bis sich das Fleisch leicht von den Knochen löst. Den Ochsenschwanz in eine große Kasserolle umfüllen und mit dem abgeseihten und entfetteten Bratensaft bedecken. Die kleinen, glacierten Zwiebeln, die in Butter gebratenen Champignons, die Chipolatas und die hellen Eßkastanien hinzugeben, 15 Minuten köcheln lassen und heiß servieren.

Langue de bœuf au gratin

Gratinierte Rinderzunge

Am Vorabend die Zunge kalt wässern. Am nächsten Tag mit kochendem Wasser überbrühen und knapp ½ Stunde kochen. Abgießen, das überschüssige Fett und den Ansatz abschneiden, die Haut abziehen. 3 Stunden zusammen mit Eintopfgemüse bei milder Hitze kochen.

Die Zunge in dünne Scheiben schneiden. Eine feuerfeste Form buttern, die Scheiben einschichten, mit Weißwein übergießen, mit gehackten Cornichons, Schalotten und feingehackter Petersilie bestreuen. Das ganze mit einer Schicht Semmelbrösel bedecken, Butterflöckchen daraufsetzen. 30 Minuten bei milder Hitze gratinieren. Überwachen.

Langue de bœuf à la bourgeoise

Rinderzunge bürgerlich

Man benötigt: 1 große Rinderzunge (2 kg), 100 g Butter, 1 Kalbsfuß, 4 Speckschwarten, 12 kleine Karotten, 12 kleine Zwiebeln, Brühe aus Rinder- und Kalbsknochen und eine dickere Tomatensauce.

Die Zunge kalt wässern, anschließend blanchieren, enthäuten und 1 Stunde lang kochen. – Die Zunge in Scheiben schneiden. In eine Kasserolle einschichten und zu ¾ mit Knochenbrühe bedecken. Den der Länge nach halbierten Kalbsfuß und die Speckschwarten hinzugeben, abschmecken. 1 Stunde lang kräftig kochen lassen, die Karotten und Zwiebeln hinzugeben, noch gut 1 weitere Stunde kochen lassen.

Die Zunge und den Kalbsfuß aus der Kasserolle nehmen und warm stellen. Die Kochflüssigkeit entfetten und mit der Tomatensauce vermengen. Über das Fleisch gießen. Das Gemüse dazu reichen.

Ragout de mouton

Hammelragout

Eine dünne Scheibe mageren Speck würfeln, mit etwas Butter in einer Kasserolle auslassen. Die übrigbleibenden Speckwürfel entfernen, 12 kleine Zwiebeln, 20 weiße Rübchen andünsten, vorsichtig 1 kg gewürfelte Kartoffeln hinzugeben und ebenfalls andünsten. Das Gemüse wieder herausnehmen. In einer Schmorpfanne Butter zerlassen und mit etwas Öl vermischen. Sobald es heiß ist, 500 g Hammelkoteletts und 500 g Hammelschulter darin anbraten. Warm stellen.

In der Kasserolle eine Einbrenne herstellen, die Speckwürfel und die Zwiebel wieder in den Topf zurückgeben. Salzen, pfeffern. Das Fleisch einfüllen und mit soviel heißem Wasser übergießen, daß alles damit bedeckt wird. 1 Knoblauchzehe und 1 Kräuterstrauß hinzugeben und gut 2 Stunden bei schwacher Hitze köcheln lassen.

Mit dem Fleisch kann man auch 2 große, enthäutete, entkernte und geviertelte Tomaten in die Kasserolle geben.

Epaule de mouton farcie

Gefüllte Hammelschulter

Die Farce zubereiten: 1 Scheibe mageren Speck, Petersilie und 2 Knoblauchzehen hacken, mit in Milch eingeweichtem und gut ausgedrücktem, altbackenen Weißbrot vermengen. Die entbeinte Schulter auf der Arbeitsfläche ausbreiten, salzen, pfeffern und mit der Farce füllen. In ein Kalbsnetz rollen und in heißem Fett in einem Schmortopf anbraten. Ist die Schulter gut gebräunt, mit viel gehackten Zwiebeln (1 kg), 2 Gläsern getrockneten Bohnen, die zu ¾ vorgegart sind, und 4 in dicke Scheiben geschnittenen Kartoffeln umlegen. Salzen und pfeffern, mit heißem Wasser auffüllen, so daß die Gemüse gerade bedeckt sind. Auf dem Herd zum Kochen bringen und anschließend für 2 Stunden in den Ofen stellen.

Langues de mouton en papillotes

Hammelzunge en papillotes

4 große Hammelzungen einige Stunden in kaltem Wasser einweichen, anschließend zusammen mit Eintopfgemüsen kochen. Sind die Zungen gekocht und ausgekühlt, der Länge nach halbieren, mit einer kräftig abgeschmeckten Farce aus gehackten Kräutern, Schalotten, etwas Speck und altbackenem, eingeweichten und gut ausgedrückten Brot bestreichen und in gefettetes Pergamentpapier wickeln. Die Pakete bei milder Hitze im Ofen garen, Zitronenscheiben dazu reichen.

Palette de Porc Sacha (Guitry)

Schweinsbug Sacha (Guitry)

Den Schweinsbug in kaltem Wasser mit Salz, Pfeffer und 1 Kräuterstrauß aufsetzen. Sobald es kocht, Kohl und Kartoffeln hinzugeben. 2 Stunden garen. Die Wurst zu dem Fleisch geben. Noch ½ Stunde garen. Servieren.

YORKSHIRE PUDDING
(accompagnément de gigot)
Yorkshire Pudding
(Beilage zur Lammkeule)

125 g Mehl in eine Schüssel sieben und in die Mitte eine Vertiefung drücken, 3 gut verrührte Eier hineingeben, nach und nach mit dem Mehl verarbeiten. ½ l kalte Milch ebenfalls nach und nach einarbeiten. Salzen, mit geriebenem Muskat abschmecken. In eine gebutterte oder, besser noch, mit Bratenfett bestrichene Form füllen und ca. 25 Minuten im Ofen garen. Sobald der Pudding gut aufgegangen ist und anfängt, braun zu werden, mit dem Saft der Lammkeule begießen.

Cassoulet de Guitry (Lucien)

Bohneneintopf Guitry (Lucien)

Hammelfleisch wie für ein Ragout, Gänsebrust, zerstoßenes Schweinefett.

Alles zusammen in einer Schmorpfanne anbraten, in eine Ton- oder Kupferkasserolle umfüllen.

Mit 1 EL Mehl bestäuben, umrühren, nicht braun werden lassen, mit Fleischbrühe auffüllen, salzen und pfeffern, 1 Kräuterstrauß einlegen, 1 gehackte Knoblauchzehe und dicke Tomatensauce unterziehen.

In einem anderen Topf 1 Knoblauchwurst kochen. Sobald sie gar ist, in recht dicke Scheiben schneiden und zu dem Fleisch geben. Die gewünschte Menge weiße Bohnen dazugeben. Köcheln lassen. Kurz vor dem Servieren mit Petersilie und Semmelbröseln bestreuen und im Ofen leicht gratinieren. Wenn möglich, in der Kasserolle servieren.

Escalopes Foyot

Schnitzel Foyot

Die Schnitzel mit reichlich gehackten und in Butter gedünsteten Zwiebeln, die keine Farbe annehmen sollten, altbackenem Weißbrot und geriebenem Käse bedecken und in eine feuerfeste Form auf eine Schicht in Butter gedünsteter Zwiebeln geben. Etwas Weißwein darübergießen, mit Butterflöckchen bestreuen, salzen, pfeffern und bei milder Hitze garen. Mit Zitronenscheiben servieren.

Rouelle de veau

KALBSBRATEN

Die Kalbsnuß spicken, in eine gebutterte, feuerfeste Form auf wenig gehackte Schalotten geben, mit gehackten Schalotten, Knoblauch (nach Belieben) und Semmelbröseln bestreuen, einige Butterflöckchen daraufsetzen. Mit wenig Fleischbrühe und viel Weißwein in den heißen Ofen schieben. Während der Garzeit mehrmals umdrehen. Man kann die Semmelbrösel weglassen und die Sauce mit Stärkemehl binden. Das Gericht kann mit Champignons verfeinert werden, die man zusammen mit dem Fleisch in die feuerfeste Form gibt.

Escalopes de veau à a viennoise

WIENER SCHNITZEL

Die Kalbsschnitzel müssen dünn geschnitten sein, damit sie schnell gar werden. Sie müssen paniert werden. Zum Panieren in einem tiefen Teller 1 Ei gut verrühren, salzen, pfeffern und einige Tropfen Öl unterziehen. Das Schnitzel darin wälzen und anschließend durch Paniermehl oder Semmelbrösel ziehen.

In einer schweren Bratpfanne eine ausreichende Menge Butter und Öl mischen und erhitzen; sobald das Fett leicht raucht, die Schnitzel hineingeben und von beiden Seiten schnell braten. Auf einer Anrichteplatte mit gehacktem Eiweiß und Eigelb (von harten Eiern), gehackter Petersilie und geviertelten Zitronen servieren. Das Fleisch mit ein wenig zerlassener Butter übergießen und heiß servieren.

Veau aux olives

KALBSBRATEN MIT OLIVEN

Das Kalbfleisch in heißem Öl anbraten, zudecken, ½ Stunde bei mäßiger Hitze schmoren lassen. 250 g grüne Oliven entsteinen und 3 bis 4 Dutzend sehr kleine Zwiebeln schälen. Zu dem Fleisch geben. Aufgrund der Oliven nur wenig salzen. Pfeffern, zudecken und weitere 30 Minuten schmoren lassen. Die Sauce mit 1 Glas heißer Brühe oder notfalls Wasser verlängern.

Foie de veau à la moissonneuse

KALBSLEBER

Für 6 Personen: 750 g Kalbsleber, 125 g Bauchspeck, 4 große Zwiebeln, 10 nicht zu kleine Kartoffeln, ½ Glas Olivenöl, 1 Glas Rotwein, ½ Glas Fleischbrühe, 1 gehäufter EL Butter, 2 Petersilienstengel, 1 Knoblauchzehe, Mehl.

Den Speck grob hacken und in einer Schmorpfanne in dem Öl auslassen; sobald er rundum braun ist, mit einer Schöpfkelle herausnehmen und beiseitestellen. Sobald das Fett leicht raucht, die in feine Scheiben geschnittenen Zwiebeln hineingeben, die Hitze drosseln und langsam goldbraun werden lassen. Von Zeit zu Zeit umdrehen. Unterdessen die Leber in kleine Würfel schneiden und würzen. Die Zwiebeln aus der Schmorpfanne nehmen und dafür die Leber hineingeben und bei starker Hitze braten. Herausnehmen und auf einem Teller aufbewahren. Mit einem Tuch zudecken (bei einem geschlossenen Behälter entstünde zuviel Dampf). Das Fett aus der Schmorpfanne abgießen und wegwerfen, den Wein hineingießen und den Bratensatz lösen. Um $^1/_3$ einkochen. Die Fleischbrühe hinzufügen, aufkochen lassen. Mehl und Butter zu kleinen Kugeln verarbeiten und damit die Sauce binden, die leicht bleiben sollte, Speck, Zwiebeln, Petersilie und den zerdrückten Knoblauch in die Sauce geben, zudecken, 20 Minuten köcheln lassen. 5 Minuten vor dem Servieren die Leber in die Sauce geben, sehr heiß servieren.

Foie de veau en aspic

KALBSLEBER IN ASPIK

Für 1 kg Kalbsleber benötigt man: Madeira, 1 Kalbsfuß, 1 l Fleischbrühe, Weißwein.

Die Leber mindestens 2 Stunden in dem Madeira (oder Portwein) marinieren. Die Fleischbrühe mit dem Kalbsfuß, 1 Glas Weißwein, der reduzierten Marinade, 1 Kräuterstrauß, 3 Gewürznelken und 1 Prise gemahlenem Schwarzkümmel in einer Kasserolle zum Kochen bringen.

Sobald die Flüssigkeit kocht, die Leber hineingeben, zudecken und im Ofen 30 Minuten garen. Abkühlen lassen, servieren.

Boulettes de veau

KALBFLEISCHKLÖSSCHEN

Aus in Öl glasig gegarten Zwiebeln und Fleischbrühe eine Sauce herstellen. Aufbewahren. Kalbfleisch und Petersilie sehr fein hacken, mit 1 ganzen Ei und in Milch eingeweichtem und gut ausgedrücktem Weißbrot gut vermengen. Würzen. Muskat nicht vergessen. Zu kleinen Klößchen formen. In Mehl wälzen und in der Sauce garen. Vor dem Servieren mit einigen Tropfen Zitronensaft abschmecken.

Côtelettes de veau à la milanaise

KALBSKOTELETT MAILÄNDER ART

Die Koteletts in der gleichen Art wie Wiener Schnitzel panieren. In geklärter Butter anbraten und bei mäßiger Hitze garen. Mit etwas Butter und Fleischbrühe eine Tomatensauce herstellen. Etwas feingeschnittenen Schinken (aber weder Zwiebeln noch Schalotten noch Knoblauch) und extra in Butter gebratene Champignons hinzufügen, kurz bevor die Sauce fertig ist. Mit Makkaroni oder Spaghetti servieren (darauf achten, daß Fleisch und Teigwaren gleichzeitig gar sind). Geriebenen Parmesan oder Gruyère dazu reichen.

Canard à la rouennaise

BLUTENTE

Für 4 Personen:

1 junge Ente, 1 große Scheibe Speck, einige Schalotten, 1 gehäuften EL Butter, 4 bis 6 Zwiebeln (je nach Größe), 2 Gläser roten Bordeaux.

Die Ente ersticken, damit sie ihr Blut nicht verliert. Ausnehmen, die Leber zusammen mit dem Speck und den Zwiebeln hacken, salzen, pfeffern und mit Schwarzkümmel abschmecken. Die Ente mit dieser Farce füllen. Mit einer Küchenschnur in Form binden. Knapp 30 Minuten im heißen Ofen garen (etwas weniger, falls es sich um ein mageres Tier handelt). Zerteilen, Flügel und Schenkel in eine Schmorpfanne geben, die Brust von den Knochen lösen.

Den Rest der Farce in eine gebutterte, feuerfeste Form geben (falls noch etwas übrig sein sollte), gehackte Schalotten darüber streuen und die Entenbrust darauflegen. Das Gerippe mit einer Spezialpresse kräftig auspressen, um alles Blut zu gewinnen, mit dem Wein vermischen und über die Brust gießen. In den nicht zu heißen Ofen schieben, bis die Sauce eindickt. Die Ente sollte nicht zu lange gegart werden. Gleichzeitig die Schenkel und Flügel in der Schmorpfanne fertiggaren.

Links: **Jean-Pierre ist sicher der beste Jäger in der Familie. An Monets Geburtstag gibt es traditionsgemäß eine Schnepfe (Rezepte S. 148).**

Canard aux navets

ENTE MIT WEISSEN RÜBCHEN (TELTOWER RÜBCHEN)

Leber und Magen in kleine Stücke schneiden und in das Innere der Ente geben, salzen und pfeffern. 1 gehäuften EL Butter erhitzen; falls man Entenschmalz zur Verfügung hat, dieses verwenden. Sobald das Fett raucht, die Ente von allen Seiten goldbraun anbraten. Dann die Kasserolle zudecken und 1 Stunde bei kleinem Feuer garen. Mit 1 kg zarten weißen Rübchen umlegen. Sind sie groß, vorab halbieren oder vierteln. Salzen. Zum Kochen bringen, zudecken und bei milder Hitze noch 1 Stunde garen.

Pâté de canard

ENTENPASTETE

1 Ente, 750 g Kalbfleisch, 150 g magerer Speck, 150 g Mett (gewürztes Hackfleisch), 80 g altbackenes Weißbrot, breite Streifen aus weißem Speck, Weißwein, Pastetenteig, Cognac.

Die Ente ausbeinen. Das Fleisch in möglichst lange Streifen schneiden. Mit dem Kalbfleisch genauso verfahren. Beides in 1 Glas Weißwein und 3 EL Cognac mazerieren.

Alles an den Knochen anhaftende Fleisch sorgfältig abschneiden und mit den restlichen Fleischabfällen kleinhacken, mit dem geriebenen altbackenen Weißbrot und dem Mett gut verkneten.

Den Boden und die Wände einer Pastetenform mit Pastetenteig auskleiden, eine Lage Gehacktes einschichten, Enten- und Kalbfleischstreifen darübergeben usw., bis alles aufgebraucht ist. Festdrücken und mit den breiten Speckstreifen belegen. Mit einem Teigstück, das ein Loch aufweisen muß, damit der Dampf beim Garen entweichen kann, abschließen. Durch dieses Loch etwas flüssigen Aspik gießen. 3 Stunden im heißen Ofen garen. Kalt servieren.

Potine de lapin

Hase in Aspik

Den Hasen entbeinen, das Fleisch in Stücke schneiden. Den Boden einer feuerfesten Terrine mit Speckstreifen auslegen, das Hasenfleisch einschichten, Stück für Stück salzen und pfeffern, mit dünnen Speckstreifen belegen, 2 bis 3 in Ringe geschnittene Zwiebeln, 1 Lorbeerblatt, Thymian, 10 Wacholderbeeren hinzufügen, 1 kleines Glas Schnaps darübergießen, mit einem breiten Speckstreifen abschließen. Hermetisch verschlossen ungefähr 2 Stunden im Ofen garen. ¼ Stunde vor Ende der Garzeit 2 Gläser Knochenbrühe (aus den Hasenknochen und Kalbsknochen) darübergießen. Während das Aspik noch flüssig ist, entfetten, alle Fleischstücke entfernen, die zu trocken geworden sind, das Aspik wieder darübergießen, kaltstellen.

Falls der Terrinendeckel nicht hermetisch schließt, während des Garens mit einem Mehl-Wasser-Gemisch »ankleben«.

Bécasse rôtie

Gebratene Schnepfe

Die Schnepfe nicht ausnehmen, nur auf Halshöhe ein Loch machen und den Magen herausnehmen. Die Augen entfernen. Rupfen, absengen, mit sehr dünnen, breiten Speckstreifen umwickeln, in Form binden. Die Schnepfe 20 Minuten braten, das Fleisch soll innen rosa bleiben. Für eine junge Schnepfe die Hälfte der Zeit rechnen. Den austretenden Fleischsaft auf getoastetem Weißbrot auffangen. Die Schnur lösen, den Speck entfernen, salzen und mit dem Brot servieren.

Bécasse à la casserole

Geschmorte Schnepfe

Die Schnepfe mehrere Tage, ohne sie auszunehmen, an einem kühlen Ort an den Schwanzfedern aufhängen. Sobald sie einen Hautgout angenommen hat, rupfen, die Haut dabei nicht verletzen.

Die Schnepfe in heißer Butter ¼ Stunde scharf anbraten, 2 gehackte Schalotten, ½ Glas Weißwein und den Saft einer Zitrone zugeben, weitere 10 Minuten schmoren lassen.

Perdreaux aux choux

Rebhuhn mit Kohl

Für zwei Rebhühner benötigt man: 1 großen Kohlkopf, 3 Karotten, 2 kleine Zwiebeln, 1 Kräuterstrauß, 125 g mageren Speck, 1 Zervelatwurst, Fleischbrühe, Schweineschmalz, Butter, breite Speckstreifen.

Die Rebhühner rupfen, absengen, ausnehmen und in Form binden. Den Kohl einige Minuten in kochendem Wasser blanchieren. Die Rebhühner auf allen Seiten kräftig in dem heißen Schmalz anbraten.

Eine Kasserolle mit den Speckstreifen auslegen, die Hälfte der abgetropften und zwischen 2 Küchentüchern getrockneten Kohlblätter einschichten, die beiden Rebhühner mit den in Scheiben geschnittenen Karotten und den gehackten Zwiebeln hinzugeben, salzen und pfeffern. Mit den restlichen Kohlblättern, dem gewürfelten Speck und Zervelatwurst-Scheiben bedecken. Mit der Fleischbrühe übergießen. Einige Butter- oder Schmalzflöckchen auf die obersten Kohlblätter geben. Den Deckel mit einem Mehl-Wasser-Gemisch hermetisch verschließen und bei mittlerer Hitze 2 Stunden garen; sollte es sich um bereits ältere Vögel handeln, auch länger. Ist die Sauce nach dem Garen zu hell, alle Zutaten herausnehmen und warm stellen, die Sauce einkochen und in einer Saucière zu dem Gericht servieren.

Chevreuil aux fruits d'églantines

Rehbraten mit Hagebuttenmark

3 kg Rehbraten (in einem Stück), 250 g Hagebutten, ½ l Weißwein, 250 g Mandeln, Zitrone, Essig.

Das Fleisch in einem Gemisch aus ⅔ Wasser und ⅓ Essig ziehen lassen, abtrocknen, mit grobem Salz und ganzen Pfefferkörnern einreiben. Schmoren, bis es weich ist, was vom Alter des Tieres abhängt.

Die Sauce vorbereiten: die Hagebutten waschen, abtrocknen und in einem Mörser zerstampfen. Die so erhaltene Menge Marmelade abwiegen und mit der gleichen Menge Weißwein ½ Stunde kochen, etwas von dem Bratensaft unterziehen. Durch ein Sieb streichen. Mit dem Bratensaft und der Sauce eine Einbrenne herstellen, die geriebenen Mandeln, 4 Gewürznelken ½ feingehackte Zitrone und 1 kleinen EL Zucker mit der Einbrenne verrühren, bis die Sauce gut gebunden ist.

Das Fleisch und die Sauce getrennt reichen (nach Belieben die Sauce durch ein Sieb streichen).

Gigot de chevreuil mariné

Marinierte Rehkeule

Für die Marinade: 4 EL Öl, 2 EL guten Essig, 6 Karotten, 6 Zwiebeln, 4 Schalotten, etwas Staudensellerie, 1 Kräuterstrauß, 1 Flasche Weißwein.

Für die Keule: 200 g bis 250 g mageren Speck.

Alle Zutaten für die Marinade miteinander vermischen. Die Sehnen und das Fett von der Keule entfernen, das Fleisch mit Speckwürfeln spicken, salzen und pfeffern. In die Marinade einlegen, 1 oder höchstens 2 Tage marinieren, dabei öfters wenden. Vor dem Braten gut abtrocknen. Mit Öl bepinseln und in den heißen Ofen schieben. Nachdem die Keule gut gebräunt ist, mit etwas Marinade ablöschen, damit sie nicht anbrennen. Während des Schmorens öfters umdrehen. Gegen Ende die Temperatur senken.

Mit einigen Löffeln Marinade den Bratensatz löschen, die Sauce zu dem Fleisch reichen.

Pigeons forestière

TÄUBCHEN AUF JÄGERART

Die Täubchen in Schweineschmalz anbraten; sobald sie gut Farbe angenommen haben, herausnehmen und statt dessen in Scheiben geschnittene Karotten und gehackte Champignons und Zwiebeln hineingeben, feingehackten Staudensellerie hinzufügen. Sobald die Gemüse glasig sind, die Täubchen wieder einlegen und mit einem Teil des Gemüses bedecken. Mit Fleischbrühe und Cognac aufgießen. Mit einem Mehl-Wasser-Gemisch den Deckel der Schmorpfanne hermetisch schließen, in den Herd schieben und 1 bis 1½ Stunden, je nach Alter der Täubchen, garen. In dem Schmortopf auftragen.

Rechts: **Ein Ausschnitt aus den »Carnets de cuisine«.**

Pigeons en compote

»EINGEMACHTE« TÄUBCHEN

Für 4 Gäste benötigt man: 2 Täubchen, 100 g mageren Bauchspeck, 150 g sehr kleine Zwiebeln, 150 g Champignons, 2 große Gläser weißen Bordeaux, 1 gehäufter EL Butter, Fleischbrühe.

Die Vögel putzen und in Form binden (bridieren). In einem Schmortopf, in den die beiden Tauben gerade hineinpassen, den gewürfelten Speck (ohne Schwarte) in heißer Butter auslassen. Die Speckwürfel wieder herausnehmen und beiseite stellen. Die Zwiebeln hineingeben und Farbe annehmen lassen. Nicht umrühren, sondern nur den Schmortopf rütteln. Herausnehmen und durch die Champignons ersetzen. Sobald sie gut angebraten sind, herausnehmen. Jetzt die beiden Täubchen auf allen Seiten gut anbraten. Herausnehmen und beiseite stellen.

In der gleichen Kasserolle eine Einbrenne herstellen, mit der Fleischbrühe und dem Wein ablöschen. Sobald die Flüssigkeit zu sieden beginnt, die Täubchen hineingeben und mit den Zwiebeln, dem Speck und den Champignons umlegen. Salzen. Hermetisch schließen. Bei niedriger Temperatur im Ofen 2 Stunden garen.

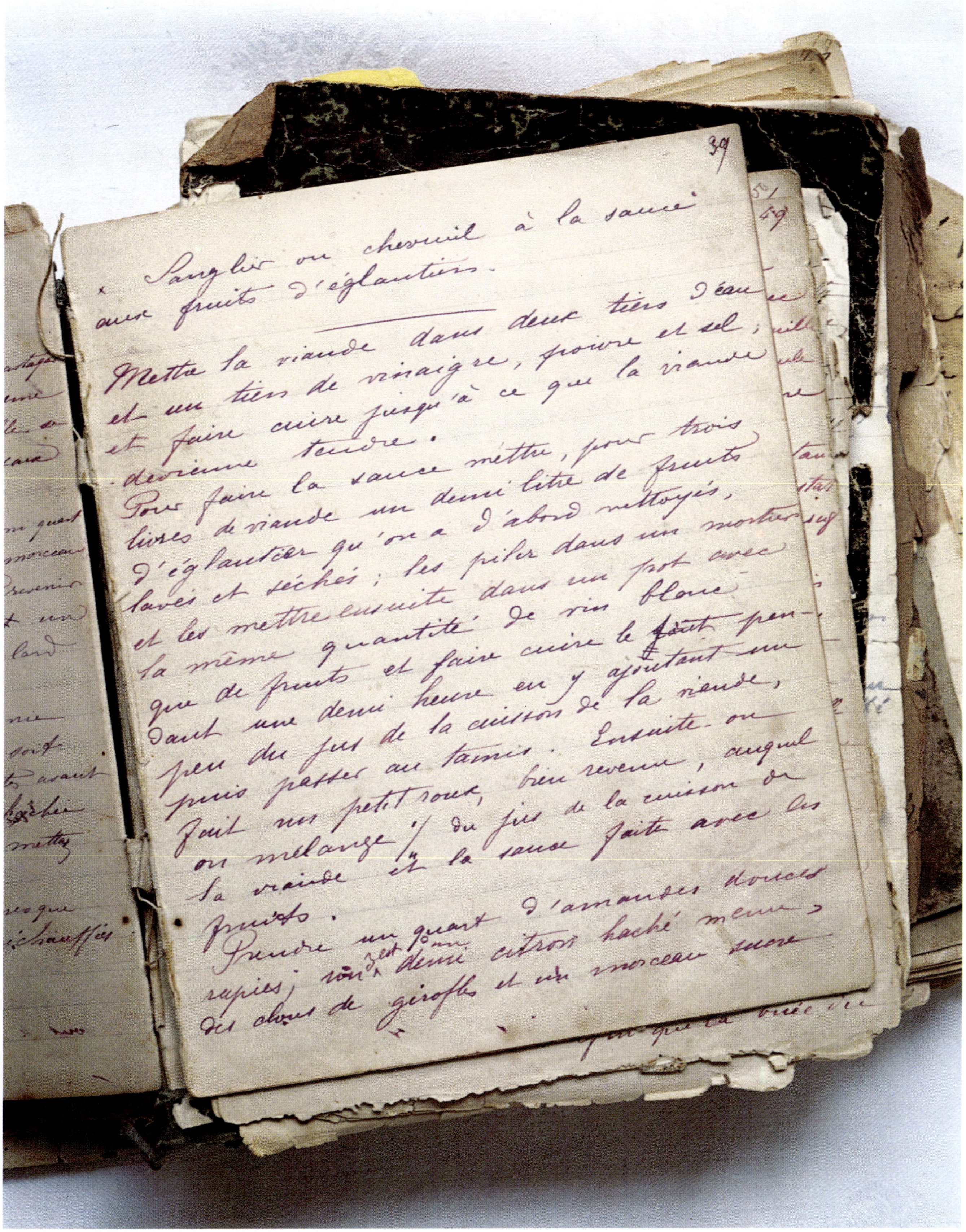
Sanglier ou chevreuil à la sauce
aux fruits d'églantiers.

Mettre la viande dans deux tiers d'eau
et un tiers de vinaigre, poivre et sel;
et faire cuire jusqu'à ce que la viande
devienne tendre.
Pour faire la sauce mettre, pour trois
livres de viande un demi litre de fruits
d'églantier qu'on a d'abord nettoyés,
lavés et séchés; les piler dans un mortier
et les mettre ensuite dans un pot avec
la même quantité de vin blanc
que de fruits et faire cuire le tout pen-
dant une demi heure en y ajoutant un
peu du jus de la cuisson de la viande,
puis passer au tamis. Ensuite on
fait un petit roux, bien revenu, auquel
on mélange du jus de la cuisson de
la viande et la sauce faite avec les
fruits.
Prendre un quart d'amandes douces
rapées, un zest d'un demi citron haché menu,
des clous de girofles et un morceau sucre

Moules au vert

Muscheln in Kräutersud

Die Muscheln gut reinigen und mit immer neuem Wasser mehrmals waschen; grobgehackte Zwiebeln und Staudensellerie in einer Kasserolle in Butter anschwitzen, Pfefferkörner, Salz und die Muscheln dazugeben. Bei starker Hitze kochen, mehrmals umrühren. Sobald sie gar sind, durch ein Sieb schütten, den Sud auffangen. Kerbel, Sauerampfer (nicht zuviel), Petersilie und Estragon fein hacken, in Butter anschwitzen, mit der Kochflüssigkeit und Weißwein auffüllen, zum Kochen bringen, mit Stärkemehl binden und die Muscheln in der Sauce erhitzen.

Soll es raffinierter zugehen, die Muscheln nach dem Garen aus den Schalen lösen.

Anguille à la Sauce tartare

Aal mit Sauce tartare

Den gesäuberten und enthäuteten Aal in Stücke schneiden und in einem Sud aus Wasser, Weißwein, Karotten, Zwiebeln, 1 Kräuterstrauß, grobem Salz und Pfefferkörnern garen.

Die Aalstücke panieren (in Ei und Semmelbröseln) und bei milder Hitze backen oder braten.

Während der Fisch gart, die Sauce tartare zubereiten: Eier hart kochen, das Eigelb durch ein Sieb streichen, mit Senf glattrühren. Salzen, pfeffern. Wie bei einer Mayonnaise tropfenweise Öl einarbeiten; hat die Sauce die gewünschte Konsistenz erreicht, mit fein gehackter Petersilie, Estragon und Kerbel abschmecken und zum Schluß einige Kapern unterziehen.

Matelote d'anguille

Aalragout in Rotwein

Den Aal häuten und in Stücke schneiden. Zwiebeln hacken und in Butter anschwitzen. Die Aalstücke dazugeben, Farbe annehmen lassen, flambieren, mit gutem Wein, Bordeaux oder Champagner löschen. 1 Kräuterstrauß und Pfefferkörner in einem Säckchen in den Wein geben, salzen. 30 Minuten leicht köcheln lassen; der Wein soll keine großen Blasen werfen. Den Fisch herausnehmen und warm stellen. Etwas Mehl mit viel Butter zu kleinen Kügelchen verarbeiten, stückweise in die Sauce einarbeiten, bis diese sämig wird. Die Aalstücke wieder in die Sauce geben und 10 Minuten ziehen lassen. Servieren.

Barbue à la Dugléré

Butt »Dugléré«

1 großen Butt für 6 Personen, 1 Pfund Tomaten, Zwiebeln, Schalotten, Petersilie, Thymian, Lorbeer, Weißwein, Butter, Fischsud.

1 schöne, feuerfeste Form wählen, buttern, gehackte Zwiebeln, gewürfelte, entkernte und ausgepreßte Tomaten, gehackte Schalotten und 1 Kräuterstrauß aus Petersilie, Thymian und Lorbeer (die beiden letzt-

***Links:* Alice verarbeitet viele Fische und Krustentiere, obwohl es mit der Belieferung immer wieder Schwierigkeiten gibt. Hier sind es Muscheln im Kräutersud.**

genannten nur in bescheidener Dosierung) in die Form geben und den Butt darauflegen. Mit Weißwein und der gleichen Menge Fischsud auffüllen. Schnell zum Kochen bringen, mit gebuttertem Pergamentpapier abdecken und in den heißen Ofen geben. Nach 20 Minuten den Fisch herausnehmen und warm stellen. Die Sauce durch ein Sieb in eine Kasserolle gießen, falls notwendig eindicken und mit Butter verfeinern. Über den Fisch gießen, einige Minuten in den Ofen zurückstellen und in der Form servieren.

Soles à la normande

SEEZUNGE »NORMANDE«

2 große Seezungen ausnehmen.

1 Sud aus 4 EL Calvados, 2 Gläsern Wasser und 2 Gläsern Weißwein, 1 Stange Lauch (nur das Weiße), 1 große Karotte und 1 großen Zwiebel, 1 Knoblauchzehe, 1 Kräuterstrauß, etwas grobem Salz und einigen Pfefferkörnern herstellen; 30 Minuten kochen lassen, dann durch ein Sieb geben.

2 Dutzend Austern im eigenen Saft pochieren. Die Kochflüssigkeit durchsieben und auffangen. Die Austern warm halten. 3 Dutzend Krabben in dem Sud pochieren. Abgießen, die Kochflüssigkeit auffangen, die Krabben warm halten. 1 l Muscheln in etwas kochendem Weißwein öffnen und garen, abgießen, die Kochflüssigkeit aufbewahren, die Muscheln warm halten. Alle aufgefangenen Kochflüssigkeiten zu dem Hauptsud geben.

Die Seezungen in eine gut gebutterte, feuerfeste Form geben, mit dem Sud bedekken. Mit gebuttertem Pergamentpapier bedecken und 20 Minuten in den heißen Ofen schieben. Während dieser Zeit mit 1 großen Glas Fischsud eine Einbrenne herstellen, etwas abkühlen lassen, 2 Eigelb und 2 große EL Crème fraîche bei milder Hitze unter ständigem Rühren mit dem Schneebesen einarbeiten. Nach und nach 1 gehäuften EL Butter und den Saft ½ Zitrone unterziehen. Abschmecken. Weiter umrühren.

Mit den warmgehaltenen Austern, Muscheln und Krabben die Seezungen umlegen, mit der Sauce überziehen und mit in Madeira gekochten Trüffelstreifen dekorieren.

Filets de sole à la Véron

SEEZUNGENFILET »VÉRON«

Man benötigt: 1 Seezunge und für die Sauce 100 g Butter, 4 Eier, 2 Schalotten, Semmelbrösel, Fischsud, Crème fraîche, Kerbel, Estragon, Weißwein, Essig, Tomatenmark, Öl, Fleisch-Glace.

Die Filets auslösen, mit zerlassener Butter bepinseln, durch Mehl ziehen und bei milder Hitze braten. Anrichten und mit einer Sauce Véron servieren.

Den Fischsud reduzieren, bis nur noch ¼ l Flüssigkeit übrigbleibt, mit 2 Eigelb, 1 gehäuften EL Butter und 1 EL Crème fraîche binden. Warm halten.

In einer kleinen Kasserolle 1 Glas Weißwein, 1 Glas Essig, 1 TL Estragon, 1 TL Kerbel und 2 gehackte Schalotten geben, salzen und zur Hälfte einkochen. Abkühlen lassen. Durch ein Sieb gießen, wieder in die Kasserolle zurückgeben und bei milder Hitze 1 Glas Öl, 1 knappen EL geschmolzene Fleisch-Glace und die vorbereitete Sauce einarbeiten. Nach Belieben mit Cayenne-Pfeffer abschmecken.

Filets de sole à la florentine

SEEZUNGENFILET FLORENTINISCHE ART

Die Filets auslösen, in einem Fischsud pochieren. 1 Handvoll Spinatblätter blanchieren, abtropfen lassen, auspressen, in eine gebutterte, feuerfeste Form geben, die Filets darauflegen, mit einer Béchamel-Sauce überziehen und mit geriebenem Gruyère bestreuen. Gratinieren und sehr heiß servieren, da sonst die Sauce zusammenfällt.

Filets de sole à la Horly

SEEZUNGENFILETS »HORLY«

Die Seezungen enthäuten, die Filets auslösen und in einer Mischung aus Öl, Zitronensaft, Petersilie und Zwiebelringen marinieren. Abtropfen lassen. Salzen und pfeffern, durch Mehl ziehen und braten.

Merlan-Filets können auf die gleiche Art zubereitet werden.

Baudroie à l'américaine

SEETEUFEL AMERIKANISCHE ART

Für 4 Personen pro Person 1 große Portion Seeteufel, Öl, trockenen Weißwein, Madeira, 1 Kräuterstrauß, Schalotten, Tomatenmark und nicht zu scharfen, spanischen Pfeffer.

Den Fisch säubern und mit Mehl bestäuben. In 1 Glas heißem Öl anbraten, die gehackten Schalotten, den Kräuterstrauß, den Pfeffer (das Gericht verträgt eine gewisse Schärfe) und den Weißwein hinzufügen, abschmecken, 15 Minuten köcheln lassen. Das Tomatenmark mit etwas Kochflüssigkeit verrühren und zusammen mit dem Madeira in die Pfanne geben. Weitere 5 Minuten sanft kochen lassen. Den Fisch zusammen mit kreolischem Reis servieren, die Sauce über beides gießen.

Nach Belieben den Fisch, nachdem er erste Farbe angenommen hat, mit einem Glas Cognac oder Armagnac übergießen und flambieren. Die Sauce wird dann geschmackvoller.

Brochet au beurre blanc

Hecht mit Buttersauce

Aus Zwiebeln, in Scheiben geschnittenen Karotten, 1 Glas Weißwein pro Liter Wasser und 1 Kräuterstrauß einen Sud zubereiten. Salzen. 30 Minuten zugedeckt sieden und anschließend abkühlen lassen. Den Fisch ausnehmen und waschen, aber nicht schuppen, in einen Fischkochtopf geben, mit dem erkalteten Sud übergießen (der Fisch muß vollständig bedeckt sein), auf den Herd stellen und 10 Minuten pro Pfund sieden (nicht kochen lassen, sonst platzt die Haut auf).

Während der Fisch gart, die Sauce zubereiten: Für 1500 g Hecht ca. 200 g Butter in einer Kasserolle zergehen lassen. 2 große, fein gehackte Schalotten, 1 TL Essig, Salz und Pfeffer hinzufügen, bei milder Hitze ständig umrühren (nicht kochen lassen), in eine vorgewärmte Saucière füllen und zu dem Hecht reichen, den man auf einem gefalteten Tuch serviert.

Poisson à la créole

Fisch auf kreolische Art

Für 6 Personen: 6 Scheiben Seehecht (kann durch einen anderen Fisch ersetzt werden), 100 g Butter, 1 kg Reis, Tomatenmark, 1 Ei, 1 Pepperoni, 1 Kräuterstrauß, 1 Zitrone.

Die Fischscheiben in gesalzenem, mit Zitronensaft versetztem Wasser ziehen lassen. Reichlich Butter in einer Pfanne zergehen lassen, den Fisch hineingeben, mit heißem Wasser auffüllen, so daß der Fisch gerade bedeckt ist, den Kräuterstrauß und die Pepperoni hinzugeben, würzen und $\frac{1}{4}$ Stunde köcheln lassen. Den Fisch herausnehmen und warm stellen. Das Tomatenmark mit etwas Kochflüssigkeit verrühren, in die Pfanne geben und einkochen lassen. Sobald der Reis gar ist, die Sauce mit 1 Eigelb binden.

Den Reis waschen und in sehr viel kochendes, gesalzenes Wasser schütten. Umrühren. 15 bis 20 Minuten kochen lassen. In ein Sieb geben, mit kaltem Wasser abspülen, abtropfen lassen. In den heißen Ofen stellen und von Zeit zu Zeit umrühren, bis sich die Körner voneinander lösen.

Den Reis in die Mitte der Anrichteplatte geben, mit dem Fisch umlegen und alles mit der Sauce begießen.

Coquilles Saint-Jacques

Jakobsmuscheln

Die Muscheln auf glühende Kohlen stellen, bis sie sich öffnen. Das Muschelfleisch auslösen. Das Schwarze entfernen. Das Muschelfleisch waschen und zusammen mit Schnittlauch und Petersilie hacken. Salzen und pfeffern. Die Schalen gründlich waschen, mit dem Gehackten füllen, mit feingeriebenen Semmelbröseln bestreuen, mit zerlassener Butter übergießen und überbacken.

EAU DE SEL POUR LA CUISSON DES POISSONS

Salzwasser als Fischsud

Salzwasser, auch »gutes Wasser« genannt, wird zum Kochen von bestimmten Fischen verwendet. Das Gefäß muß so groß sein, daß der Fisch richtig »schwimmen« kann. Immer reichlich Wasser nehmen, so daß der Fisch gut bedeckt ist. Man rechnet mit 1 EL grobem Salz auf 1 l Wasser. Den Fisch in das siedende Wasser geben und je nach Größe ziehen lassen (Fische sollten nie richtig kochen). Diese Zubereitungsart eignet sich unter anderem für Wolfsbarsch und alle Buttarten.

CUISSON DES CREVETTES ET DES CRABES

Sud für Krabben und Taschenkrebse

Wasser mit Meersalz salzen, wenig Pfefferkörner, Petersilie, Thymian und Lorbeerblätter hinzugeben, zum Kochen bringen, Krabben 2 bis 4 Minuten und Taschenkrebse je nach Größe 5 bis 15 Minuten kochen. Lauwarm servieren.

Coquilles Saint-Jacques à la florentine

Jakobsmuscheln florentinische Art

Die Muscheln öffnen, das Fleisch und den Rogen in Weißwein pochieren. Die geputzten Schalen mit in Butter angeschwitztem Spinat, dem Fleisch einer Muschel und dem dazugehörenden Rogen füllen, mit Béchamel-Sauce überziehen und mit geriebenem Käse bestreuen. Bei milder Hitze gratinieren.

Filets de maquereaux à la flamande

Makrelenfilets flämische Art

Die Filets auslösen und die Haut abziehen, dabei sehr vorsichtig zu Werke gehen, damit das Fleisch nicht verletzt wird. In verrührtem Ei wälzen und in heißer Butter braten. Mit einer Kräutersauce servieren: Bei milder Hitze aus Butter und Mehl eine Einbrenne zubereiten, mit ½ Glas Wasser ablöschen, feingehackte Petersilie und Kerbel unterziehen, mit Salz, Pfeffer und einem Hauch Muskat abschmecken. So lange rühren, bis die Sauce gut gebunden ist. Ganz zum Schluß etwas Zitronensaft oder Saft aus unreifen, sauren Trauben unterziehen.

Folgende Doppelseite:
Auf einer Ecke des Herdes wird bei milder Hitze ein Hecht im Sud gegart werden.

Croquettes de morue

STOCKFISCH-KROKETTEN

1 Pfund Stockfisch, 5 Kartoffeln, Milch, Mehl, Butter, 2 Eier.

Den Stockfisch auf ein Sieb legen (die Haut nach oben) und das Sieb in kaltes Wasser geben, um den Fisch zu entsalzen. Das Wasser innerhalb von 24 Stunden mehrmals wechseln. Den Stockfisch in Wasser oder Milch garen: einmal aufwallen und dann 15 Minuten sieden lassen. Unterdessen die geschälten Kartoffeln in Salzwasser kochen, abgießen. Den Fisch ebenfalls abgießen. Fisch und Kartoffeln noch heiß zerstampfen.

Aus 40 g Mehl, 40 g Butter und ½ Tasse heißer Milch eine Béchamel-Sauce herstellen, die dicke Sauce mit den Kartoffeln und dem Stockfisch vermengen, die verrührten Eier einarbeiten, Kugeln formen, in Mehl wälzen und in heißem Öl ausbacken. Sehr heiß servieren.

Bouillabaisse de morue (Cézanne)

BOUILLABAISSE AUS STOCKFISCH (CÉZANNE)

1 großes Stück Stockfisch, 6 Kartoffeln, Olivenöl, 4 Stangen Lauch, Pfeffer, Gewürznelken, 2 Knoblauchzehen, Petersilie, Safran, Lorbeerblätter, Mehl.

Den Stockfisch in Wasser entsalzen und braten, aber keine Kruste entstehen lassen. Die Kartoffeln in Scheiben schneiden und zu dreiviertel garen. Olivenöl in einer Kasserolle erhitzen, den feingeschnittenen Lauch darin andünsten. In einer zweiten Kasserolle etwas Mehl mit Pfeffer, Gewürznelke, Knoblauch, Petersilie, Safran und 1 Lorbeerblatt würzen und in Butter braun werden lassen. Sich bei allen Vorgängen viel Zeit lassen. 1 Glas heißes Wasser pro Person hineingießen. 10 bis 15 Minuten köcheln lassen, dann den vorgegarten Stockfisch und die vorgegarten Kartoffeln in die Kasserolle einlegen. Ungefähr 15 Minuten köcheln lassen, zu dem Lauch geben, gut vermengen.

Costriade

»COSTRIADE« (FISCHRAGOUT MIT KARTOFFELN)

Für 6 Personen.

In einem großen Topf 2 gehackte Zwiebeln in reichlich Butter Farbe nehmen lassen, mit 2 l Wasser ablöschen, würzen. 1 Kräuterstrauß, 2 Knoblauchzehen und 1 Pfund festkochende, grob gewürfelte Kartoffeln hinzugeben. Zum Kochen bringen. 20 Minuten kräftig sprudeln lassen.

Den Fisch in Stücke zerteilen (Merlane, Makrelen und Sardinen ganz lassen), in den Kochtopf geben. Jetzt nur noch sieden lassen. Nach ungefähr 15 Minuten sind die Fische gar. Die Kartoffeln und die Fische in einer Schüssel anrichten, die Bouillon getrennt dazu reichen. Dünngeschnittene Brotscheiben in die Suppenteller geben, servieren. Bei einer Costriade können auch Schalentiere und Muscheln und alle Arten von Fischen wie z.B. Meeraal oder auch nur Fischköpfe verwendet werden.

Soupe aux poissons

Fischsuppe

Lauch, Karotten und Zwiebeln $1\frac{1}{2}$ Stunden kochen. Salzen und pfeffern. Alle möglichen Fischarten in Stücke zerteilen und hinzugeben. Nach 20 Minuten den Fisch herausnehmen und die ansehnlichsten Stücke warm halten. Die Suppe mit Eigelb binden und mit dem verbliebenen Fisch durch ein Sieb drücken. Größere Stücke im Mörser zerstampfen. Mit den ganzen Fischstücken und gerösteten Weißbrotwürfeln servieren.

Potage aux huîtres

Austernsuppe

3 Dutzend Austern in ihrer Flüssigkeit pochieren, mit etwas klarem Wasser strecken. 1 Auster pro Person aufbewahren. Die restlichen kleinhacken. Die Kochflüssigkeit durch ein feines Sieb gießen, mit den gehackten Austern vermengen und mit Fischsud oder Geflügelbouillon verlängern. 1 Glas Madeira und einige Pfefferkörner hinzufügen. Leicht einkochen lassen. In jeden Teller 1 Auster legen und die heiße Suppe darübergießen.

Huitres aux saucisses

Austern mit gegrillten Würstchen

Zu Austern kleine, gut gegrillte und sehr heiße Würstchen servieren. Abwechselnd verspeisen. Der Kontrast ist ausgezeichnet.

Homard à l'américaine

Hummer auf amerikanische Art

Für 4 Personen benötigt man: einen 1 kg schweren lebenden Hummer, Cognac, trokkenen Weißwein, 3 EL Butter, Tomaten, Zwiebeln, Schalotten, Knoblauch, Cayenne-Pfeffer (nur wenig, aber unabdingbar).

Den Hummer mit einem Küchenbeil zerteilen: Die Scheren abtrennen und den Schwanz vom Körper trennen, den austretenden Saft auffangen. Den Körper zweiteilen, den Schwanz in Stücke hacken. Den Rogen und die Eingeweide beiseite stellen. Die einzelnen Teile in sehr heißem Öl kräftig anbraten, salzen, pfeffern. Nach 5 Minuten den Hummer aus der Pfanne nehmen, das Öl abgießen und wegwerfen, Butter in der Pfanne zergehen lassen, die Hummerstücke wieder hineingeben, 1 gehackte Zwiebel und 3 gehackte Schalotten sowie 1 zerdrückte Knoblauchzehe hinzufügen. Mit 1 Glas Cognac ablöschen, flambieren, mit 2 Gläsern trockenem Weißwein strekken, mit 1 Prise Salz, 1 Prise Pfeffer und 1 Messerspitze Cayenne-Pfeffer würzen. Zum Kochen bringen. Sobald sich die ersten Blasen zeigen, zudecken und bei kleiner Flamme 20 Minuten köcheln lassen.

Den Hummer herausnehmen und warm stellen. Die Sauce eindicken, die aufgefangene Flüssigkeit sowie den Rogen und die Eingeweide, beides durch ein Sieb gedrückt, hinzufügen. Etwas Butter einarbeiten. Einmal kurz aufwallen lassen, dabei ständig weiterrühren. Vom Feuer nehmen und mit Butter, die portionsweise eingearbeitet wird, binden. Die Sauce über den Hummer gießen und sofort servieren.

Homard à la Douglas

Hummer »Douglas«

Für 4 Personen.

Einen lebenden Hummer von ca. 1 kg, Zwiebeln, Gewürznelken, Thymian, Lorbeer, 350 g Butter, Gin, 33 cl Crème fraîche, Pfefferkörner, Karotten, Cayenne-Pfeffer.

Den lebenden Hummer in einen kochenden Sud aus 2 l Wasser, 2 mit Gewürznelken gespickten Zwiebeln, 5 Pfefferkörnern, 1 großen Karotte, 1 EL grobem Salz, Thymian und Lorbeer geben. Zudecken und ca. 25 Minuten kochen lassen. Den Hummer im Sud abkühlen lassen. Das Fleisch vorsichtig aus dem Panzer lösen, den Panzer mit dem Rogen im Mörser zerstoßen und mit 300 g Butter vermengen. 2 l kaltes Wasser hinzufügen, zum Kochen bringen, 15 Minuten nur leicht köcheln lassen. An einen möglichst kühlen Ort stellen, so daß die Hummerbutter an die Oberfläche steigt. Mit einer Schöpfkelle abschöpfen und in ein Sieb geben.

1 EL Hummerbutter in eine Schmorpfanne geben, wenig gewürfelte Karotten, feingehackte Zwiebeln und einen Hauch Thymian und Lorbeer hinzugeben, 15 Minuten sanft schmoren lassen. Unterdessen den Hummer in regelmäßige Scheiben schneiden, auf das Gemüse legen. Mit Salz und etwas Cayenne-Pfeffer würzen (möglichst keinen anderen Pfeffer verwenden). Die Scheiben wenden und nicht zu sparsam mit Gin begießen, flambieren und die Crème fraîche unterziehen. Erhitzen und, sobald die Flüssigkeit zu kochen beginnt, den Rest der Hummerbutter unterziehen und gut vermengen. 50 g Butter mit 1 EL Mehl zu kleinen Kügelchen formen und die Sauce damit vorsichtig binden. Hummer und Sauce zusammen servieren. Man kann das Rezept mit Champignons und Trüffelstreifen verfeinern.

Rechts: **Ein Ausschnitt aus den »Carnets de cuisine«.**

Homard à la Newburg

Hummer »Newburg«

2 kleine Hummer (je 500 g), 1 EL Butter, 1 Glas Madeira, 1 Schale Crème fraîche (0,3 l), 4 Eier.

Den Hummer in einem Fischsud kochen. Das Fleisch aus Körper und Scheren gewinnen und in dünne Scheiben schneiden. Die Butter in einer Schmorpfanne zergehen lassen, den Hummer hineingeben, salzen und pfeffern. Bei milder Hitze von jeder Seite 5 Minuten ziehen lassen. Mit dem Madeira begießen, zudecken, 15 Minuten köcheln lassen. Die Crème fraîche und die 4 Eigelbe mit einem Schneebesen gut miteinander verrühren und unter die Sauce ziehen.

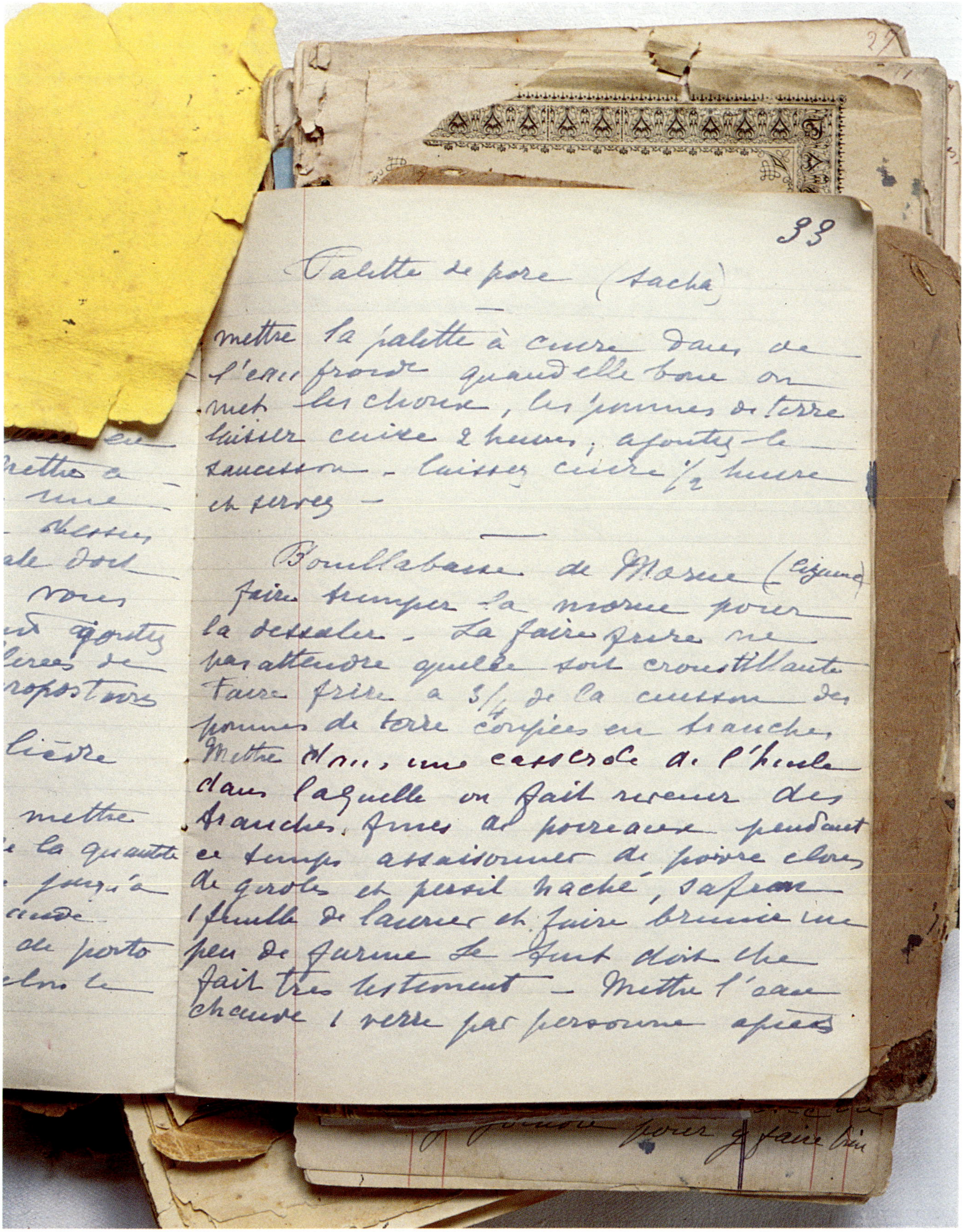
33

Palette de porc (Sacha)

mettre la palette à cuire dans de l'eau froide quand elle bout on met les choux, les pommes de terre laisser cuire 2 heures, ajoutez le saucisson - laissez cuire ½ heure et servez -

Bouillabaisse de Morue (Lazare)

faire tremper la morue pour la dessaler. La faire frire ne pas attendre qu'elle soit croustillante. Faire frire a ¾ de la cuisson des pommes de terre coupées en tranches. Mettre dans une casserole de l'huile dans laquelle on fait revenir des tranches fines de poireaux pendant ce temps assaisonner de poivre clous de girofles et persil haché, safran 1 feuille de laurier et faire brunir un peu de farine le tout doit être fait très lentement - Mettre l'eau chaude 1 verre par personne après

NACHSPEISEN

Vert-vert

»Grüner« Kuchen

Für den Teig: 4 Eier, 150 g Zucker, 125 g Mehl, 60 g Butter, ½ Zitrone, 50 g Pistazien, 4 EL Kirschwasser.

Zubereitung der »Spinat-Grüns«: 3 große Handvoll Spinatblätter 1 Minute mit kochendem Wasser blanchieren, durch ein feines Sieb drücken. Mit dem grünen Püree Pistazien-Teig und Glasur färben.

Für die Pistaziencreme: 100 g ausgelöste Pistazien, 2 EL Kirschwasser, 50 g Butter, 2 TL Spinat-Grün, 100 g Zucker, 2 ganze Eier, 2 Eigelb, 2 TL Mehl, 1 Glas Milch, 500 g Butter.

Für den Fondant: 600 g Zucker, 2 EL Traubenzucker, 1 Zitrone.

Den Kuchen backen: In einer Kasserolle mit einem Schneebesen bei milder Hitze die Eier mit dem Zucker verrühren, bis sich das Volumen verdoppelt hat, das gesiebte Mehl, die zerstoßenen Pistazien, das Kirschwasser, die weiche Butter und, falls gerade zur Hand, die feingeriebene Schale ½ Zitrone hinzufügen.

Mit Hilfe eines Holzspatels gut miteinander verrühren. Bei milder Hitze 30 Minuten backen.

Überprüfen, ob der Kuchen gar ist. Aus dem Ofen nehmen und stürzen, langsam abkühlen lassen.

Die Pistaziencreme zubereiten: Die gemahlenen Pistazien, das Kirschwasser, die weiche Butter zu einer Paste verrühren und mit Spinat-Püree färben. In einer Schüssel 100 g Zucker mit 2 ganzen Eiern und 2 Eigelb vermengen, ohne Unterlaß durchrühren, Mehl und Milch hinzufügen. Auf den Herd stellen, bei milder Hitze heißmachen, die Pistazienpaste unterziehen, das Pfund Butter einarbeiten.

Den Kuchen in 3 Scheiben schneiden, mit der Creme bestreichen, wieder zusammensetzen, kühl stellen, mit dem vorbereiteten Fondant glasieren, mit einem Spatel glattstreichen.

Den Fondant vorbereiten: In einer Kasserolle den Zucker mit 2 Gläsern Wasser zum Schmelzen bringen, leise köcheln lassen, bis der Zucker »breite Fäden« zieht (mit einem Holzlöffel überprüfen); kurz bevor der Zukker die richtige Konsistenz hat, den Traubenzucker und etwas Spinat-Grün hinzufügen.

Den Fondant auf eine leicht gefettete Marmorplatte gießen, mit einem Spatel glattstreichen und mit Zitronensaft beträufeln.

Mit einem feuchten Tuch bedecken und bis zum Gebrauch kühl stellen.

Links: **Eine der großen Spezialitäten Marguerites ist der »grüne Kuchen«.**

Beignets soufflés ou Pets-de-nonne (Mélanie)

Beignets oder Nonnenfürze (Mélanie)

1 Glas Milch, Salz, Zucker, 100 g Butter, Schnaps, 1 Glas Mehl, 4 Eier.

1 Glas Milch in eine Kasserolle gießen, 1 starke Prise Salz und 1 starke Prise Zucker, 100 g Butter, 1 EL Schnaps hinzugeben, durchrühren, zum Kochen bringen. Sobald die ersten Blasen aufsteigen, auf einmal 1 Glas Mehl hineinschütten und bei milder Hitze mit einem Holzlöffel einarbeiten, bis

der Teig glatt ist und nicht am Löffel klebt. Vom Feuer nehmen und 4 ganze Eier nach und nach unterziehen, sorgfältig einarbeiten.

Der Teig soll geschmeidig sein, ohne zu fließen. 1 Stunde ruhen lassen. Löffelweise abstechen und in heißem Fett ausbacken, auf einem Tuch gut abtropfen lassen und mit Puderzucker bestreuen.

Crème moka

Mokkacreme

6 Eigelb, 150 g Mehl, 200 g Zucker, 250 g Butter gut verrühren und starken Kaffee einarbeiten, bis die Creme keinen Kaffee mehr aufnimmt. Bei schwacher Hitze binden.

Crème à la vanille

Vanillecreme

1 l Milch mit 1 Vanilleschote und 200 g Zukker 10 Minuten kochen, vom Feuer nehmen, 6 Eigelb und 2 ganze, verrührte Eier unterziehen. Durch ein feines Sieb schütten, in eine feuerfeste Form umgießen und im Wasserbad im Ofen mit Unterhitze so lange garen, bis die Crème dick wird.

Crème frite

Crème frite (ausgebackene Teigstücke)

5 EL Mehl mit 1 Tasse kochender Milch verrühren. Abkühlen lassen. 4 Eier und 2 EL Zucker unterziehen. ½ Stunde köcheln lassen, auf eine Marmorplatte stürzen, mit einem Spatel glatt streichen; die Masse sollte ca. 1 cm dick sein. Abkühlen lassen. Rauten, Kreise und Rechtecke ausschneiden, in geschlagenem Eiweiß und Semmelbröseln wälzen, in Öl oder Butter ausbacken.

Crème au chocolat

Schokoladencreme

250 g geriebene Schokolade bei milder Hitze in etwas Milch zum Schmelzen bringen, umrühren, 125 g Zucker mit 1 l kalter Milch vermischen und zu der Schokolade geben. Abkühlen lassen. 5 Eigelb und 1 ganzes, verrührtes Ei unterziehen. Durch ein feines Sieb oder eine Mousseline passieren, in kleine, feuerfeste Formen füllen und bei milder Hitze im Ofen in einem Wasserbad garen.

Crème au thé

Teecreme

Schwarzen Tee aus Ceylon und grünen Tee vermischen; 6 TL dieser Mischung mit 1 l kochender Milch übergießen, mit 250 g Zucker süßen, umrühren, bis sich der Zukker auflöst, durch ein Sieb gießen, zugedeckt abkühlen lassen. Wenn die Milch fast völlig erkaltet ist, 6 verrührte Eigelb unterziehen, durchschlagen, wieder durchsieben. Im Ofen bei Unterhitze im Wasserbad steif werden lassen.

Crème somptueuse

Prachtcreme

In etwas Wasser bei milder Hitze 750 g stark kakaohaltige Schokolade zum Schmelzen bringen, vom Feuer nehmen, sobald die Schokolade eine cremeartige Konsistenz erlangt. 100 g Butter in kleinen Stücken einarbeiten. Glattrühren, 3 Eigelb verrühren und mit 1 Holzlöffel vorsichtig unter die Creme ziehen, bis sich alles gut vermengt hat. In eine Servierschüssel umfüllen.

24 Stunden vorher zubereiten, damit die Creme Zeit hat, fest zu werden. Sie hält sich 2 bis 3 Tage an einem kühlen Ort.

Crème brûlée

»Verbrannte« Creme

$^1/_4$ l Crème fraîche in einem Topf im Wasserbad erhitzen, bis sie flüssig wird, nicht kochen lassen.

6 Eigelb mit 2 EL Zucker verrühren, bis die Masse schaumig wird; die flüssige Crème fraîche unterziehen. 2 Finger hoch in Gratinierformen füllen und im heißen Ofen im Wasserbad garen. Sobald die Creme fest geworden ist, abkühlen lassen. Mit 4 EL braunem Zucker überstreuen und mit dem Salamander karamelisieren. Kalt stellen.

Crème renversée

»Gestürzte« Creme

1 l Milch, 250 g Zucker, 6 Eier, 1 Vanilleschote.

Die Milch mit 200 g Zucker und der Vanilleschote kochen. Die Eier verrühren und mit dem Schneebesen in die erkaltete Milch einarbeiten. Mit dem restlichen Zucker und wenig Wasser einen Karamel herstellen; bevor er dunkel wird, das Innere einer Form damit ausgießen, erkalten lassen und mit der Creme auffüllen. Im Wasserbad im Ofen bei Unter- und Oberhitze fest werden lassen, auf eine Platte stürzen.

Crème pour accompagner le pudding au riz

Creme zu Reispudding

3 El Butter bei milder Hitze zergehen lassen, 3 EL Zucker hinzufügen. Umrühren. 2 verrührte Eigelb einarbeiten, bis eine leichte Masse entsteht. 2 EL heißes Wasser hinzufügen, weiterrühren. In ein Wasserbad stellen und den Saft $^1/_2$ Zitrone und 1 Tasse Sherry mit dem Schneebesen unterziehen

Crème Sambaglione

Zabaione

Italienisches Rezept.

6 Eigelb und 6 EL Zucker in eine Kasserolle geben und mit einem Holzlöffel durchrühren, bis die Masse Fäden zieht.

12 EL Marsala hinzufügen und bei milder Hitze erwärmen. Dabei ständig in der gleichen Richtung durchrühren. Die Masse darf nicht kochen. In Gläser füllen, abkühlen lassen.

Diese Creme kann auch mit Weißwein hergestellt werden; in diesem Fall 1 kleines Glas Rum hinzufügen.

Soufflé à l'abricot

Aprikosensoufflé

8 Eiweiß sehr steif schlagen. Vorsichtig mit 1 Glas Aprikosenkonfitüre vermengen. In eine gebutterte Soufflé-Form füllen und bei sehr milder Hitze 1½ Stunden im Ofen garen. Ist der Ofen zu heiß, geht das Soufflé nicht auf.

Soufflé aux marrons

Kastaniensoufflé

1 Pfund Eßkastanien schälen und kochen. Im Mörser zerstoßen und nach und nach 1 Glas heiße, gezuckerte und mit Vanille abgeschmeckte Milch einarbeiten. Sobald die Creme gut gebunden ist, 3 verrührte Eigelb einarbeiten. Das Eiweiß sehr steif schlagen und vorsichtig unterheben. In eine gebutterte Soufflé-Form füllen. 30 bis 40 Minuten bei milder Ober- und starker Unterhitze aufgehen lassen.

Omelette soufflé

Omelette soufflé

6 Eigelb mit 6 EL Zucker und etwas feingehackter Zitronenschale verrühren. Das Eiweiß sehr steif schlagen; erst dann 1 EL Zukker unterrühren.

Die Eigelbmasse vorsichtig mit dem geschlagenen Eiweiß vermengen. Eine Gratinierform mit etwas zerlassener Butter ausstreichen, die Masse einfüllen, mit Zucker bestreuen und im heißen Ofen 6 bis 8 Minuten backen. Sofort servieren, da das Omelett schnell wieder zusammenfällt.

Croûtes aux pêches

Pfirsiche auf Toast

1 flache Kuchenform gut ausbuttern, mit kleinen Toastscheiben auslegen. Auf jede Scheibe ½ Pfirsich mit der Wölbung nach unten setzen; das Loch, das durch das Entfernen des Steines entstand, mit 1 TL Zukker und 1 TL Butter füllen, bei milder Hitze im Ofen garen. Aus dem Ofen nehmen, lauwarm oder kalt servieren.

Pavé au chocolat

Schokoladenkuchen

Für 6 Personen.

125 g Löffelbiskuits der Länge nach halbieren.

250 g Schokolade in etwas Wasser bei sehr milder Hitze schmelzen lassen. Sobald sie

glänzt, 125 g kalte Butter einarbeiten. Gut vermengen. 1 ganzes Ei verrühren und unterziehen.

Während die Creme noch weich und lauwarm ist, einen Teil auf der einen Hälfte der Biskuits verstreichen, die andere Hälfte daraufdrücken, so daß die Löffelbiskuits »gefüllt« sind. Auf einer Anrichteplatte 3 zusammengesetzte Biskuits eng nebeneinanderlegen, mit Creme bedecken, drei andere Biskuits um 90 Grad verschoben darauflegen usw., bis alle Zutaten aufgebraucht sind. Die Creme dabei in einem Wasserbad geschmeidig halten.

Auf allen Seiten mit Schokoladencreme bedecken und glatt streichen. Kühlen.

Gâteau au chocolat

Feste Schokoladencreme

2 Eier auswiegen. Die gleiche Menge Butter, Schokolade und Zucker abmessen. Die Schokolade bei milder Hitze in etwas Wasser schmelzen, vom Feuer nehmen, die Butter einarbeiten, bis diese sich völlig mit der Schokolade verbunden hat, etwas abkühlen lassen, die Eigelbe und den Zucker und 1 EL Mehl nach und nach einarbeiten. Das Eiweiß sehr steif schlagen und unterziehen. Die Masse in eine gut gebutterte Form füllen und 20 Minuten im Ofen bei mäßiger Hitze garen.

GÉNOISE

Génoise (Genueser Kuchen)

250 g Mehl, 100 g Zucker, 125 g Butter, 2 Eigelb, 1 oder 2 EL Rum.

In einer Schüssel Eigelb und Zucker gut miteinander verrühren, 3/4 des Mehls hinzuschütten, die Butter klären und gerade lauwarm zugeben und durchkneten. Nach und nach den Rest des Mehls einarbeiten und zum Schluß den Rum unterziehen. 1 flache Form ausbuttern und den Teig einfüllen. 20 Minuten bei milder Hitze backen.

Biscuit roulé

Biskuitrolle

100 g Mehl, 100 g Zucker, 4 Eier, 1 Glas Aprikosenkonfitüre, Rum.

Den Zucker mit dem Eigelb gut 10 Minuten verrühren, nach und nach das Mehl unterziehen, 1 EL Rum hinzufügen. Das Eiweiß sehr steif schlagen und vorsichtig unter die Masse ziehen. Den Teig auf ein gebuttertes Pergamentpapier geben und auf den Boden des Ofens legen. Bei milder Hitze so lange backen, bis der Teig leicht gebräunt ist. Eine Marmorplatte mit einem Tuch abdecken, den Biskuitteig daraufgeben und die Aprikosenkonfitüre gleichmäßig verteilen. Noch während der Teig heiß ist, zusammenrollen, abkühlen lassen.

Aus 100 g Zucker und 1 Glas Wasser ein Karamel zubereiten und über die Biskuitrolle gießen.

Quatre-quarts

Feiner Teekuchen

5 Eier auswiegen, das gleiche Gewicht Butter, Zucker und Mehl abmessen. Die Butter weich werden lassen. Den Zucker mit dem Eigelb und ein wenig feingehackter Zitronenschale vermengen, anschließend die weiche Butter und nach und nach das Mehl einarbeiten. Wenn die Mischung homogen ist, den steifgeschlagenen Eischnee vorsichtig unterheben. Eine Form ausbuttern, den Teig hineingeben und 1 Stunde bei mittlerer Hitze backen (da der Kuchen aufgeht, die Form nicht zu klein bemessen).

Galette feuilletée (Mélanie)

Blätterteig-Galette (Mélanie)

250 g Mehl auf die Arbeitsplatte sieben, in die Mitte eine Vertiefung hineindrücken und etwas lauwarmes Wasser sowie Salz hineingeben. Nach und nach zu einem Teig kneten, eine Kugel formen. ½ Stunde ruhen lassen. Anschließend 125 g weiche Butter mit 125 g Quark vermengen. Den Teig der Länge nach ausrollen, das Butter-Quark-Gemisch in die Mitte geben, den Teig darüberschlagen. Wieder ausrollen, dreimal zusammenschlagen, noch einmal ausrollen, ¼ Stunde ruhen lassen. Die Prozedur mehrmals wiederholen. Zum Schluß fingerdick zu einem Kreis ausrollen, mit einem Ei bestreichen und 30 Minuten im heißen Ofen backen.

Galette

Galette (runder Kuchen)

Man benötigt: ½ Pfund Mehl, 10 g feines Salz, 250 g Butter, etwas Milch.

Mit den Zutaten einen etwas weichen Teig kneten, notfalls etwas lauwarmes Wasser hinzufügen, falls er zu dick ist.

Auf der mit Mehl bestäubten Arbeitsplatte ausrollen, wieder zusammenschlagen, ¼ Stunde ruhen lassen. Den Vorgang dreimal wiederholen. Fingerdick ausrollen und in eine runde Kuchenform geben. Mit der Messerspitze ein Rautenmuster einritzen, mit einem verrührten Ei bestreichen und bei mittlerer Hitze 30 Minuten backen.

Charlotte aux abricots

Aprikosencharlotte

Den Boden und die Wände einer Charlottenform mit Löffelbiskuits auskleiden, die vorher in Kirschwasser getaucht wurden. Alle entstehenden Löcher mit Biskuitbröseln verstopfen. Mit Aprikosenkonfitüre bestreichen. Im Winkel von 90 Grad eine neue Biskuit-Schicht hineingeben, wieder mit Aprikosenkonfitüre ausstreichen usw., bis die Form gefüllt ist. Mit einem Deckel, der in die Charlottenform paßt, abdecken und ein Gewicht darauflegen. Kalt stellen.

Mit einer Vanillesauce servieren.

Gâteau de marrons

Kastanienkuchen

3 Pfund Kastanien, 1 l Milch, 200 g Butter, 200 g Zucker, 6 Eier, Vanille.

Die Kastanien schälen und in der gezukkerten Milch kochen, die mit einer Vanilleschote aromatisiert wurde. Durch ein Sieb drücken. Die Butter mit dem Püree vermengen, abkühlen lassen. Sobald es lauwarm ist, die Eigelbe einzeln einarbeiten. Das Eiweiß schlagen und vorsichtig unter die Masse ziehen. In eine Charlottenform geben und im Ofen in einem Wasserbad bei milder Hitze 30 Minuten garen. Kalt servieren.

Biscuit de Savoie

Savoyer Biskuit

Für 6 Personen.

4 Eier, 200 g Zucker, 200 g Mehl, 2 EL Butter.

Das Eigelb mit dem Zucker so lange verrühren, bis die Masse weiß wird, nach und nach zuerst das Mehl und dann das sehr steif geschlagene Eiweiß unterziehen.

Eine hohe Kuchenform ausbuttern und den Teig hineingeben. Bei sanfter Hitze ca. 50 Minuten backen.

Christmas pudding (de bonne)

Christmas pudding (Dienstmädchen Art)

500 g Nierenfett vom Rind, 225 g Mehl, 12 Eier, 250 g Rosinen, 250 g Korinthen, 1 Zitrone, Salz, 80 g Zucker, 3 kleine Gläser Schnaps, 1 Glas Milch, altbackenes Weißbrot.

Das Fett und das Mehl in eine Schüssel geben, die Eier darüberschlagen, die Rosinen, die Korinthen, den Zucker, die feingehackte Schale der Zitrone und den Schnaps hinzugeben.

Alles gut miteinander vermischen, nach und nach etwas Milch und reichlich geriebenes, altbackenes Weißbrot hinzugeben, bis ein leichter, geschmeidiger, aber doch ein wenig fester Teig entsteht.

In ein gebuttertes und gemehltes Tuch geben und mit Hilfe des Tuches rund formen. Die vier Enden des Tuches miteinander verknüpfen, aber nicht zu fest anziehen, denn der Teig geht beim Garen auf.

In einen Topf mit kochendem Wasser geben, mindestens 5 bis 6 Stunden kochen, dabei häufig umdrehen. Den Topf nicht hermetisch verschließen, von Zeit zu Zeit kochendes Wasser nachschütten. Sobald er gar ist, herausnehmen und auf eine Platte geben, das Tuch entfernen. Kurz vor dem Servieren mit Rum übergießen, flambieren und mit einer Sauce reichen.

Sauce pour le pudding

Sauce zum Christmas pudding

150 g Butter, 2 Eigelb, 3 EL Zucker, 1 kleines Glas Rum.

Alle Zutaten in einem Wasserbad miteinander verrühren, bis die Sauce dick wird; heiß servieren.

Pommes au beurre

Bratäpfel

Die Äpfel schälen, das Kerngehäuse ausstechen. Nicht zu frische Weißbrotscheiben auf die Größe der Äpfel zurechtschneiden. Eine feuerfeste Form buttern, die Brotscheiben einschichten, die Äpfel daraufgeben, etwas Butter in die Äpfel geben. Wenn die Butter schmilzt, zuckern. Wenn der Zucker schmilzt, nachbuttern und nachzuckern. Kurz vor dem Servieren etwas Johannisbeermarmelade in die Äpfel geben.

Tarte Tatin

Gestürzter Apfelkuchen

250 g Mehl, 250 g Butter, 1 Eigelb, 1 Messerspitze Salz, 6 säuerliche Äpfel, 5 gehäufte EL Zucker.

Den Teig zubereiten: 250 g kalte Butter in kleine Stücke schneiden. 250 g Mehl auf die Arbeitsfläche sieben, in die Mitte den Zukker, das Salz, das Eigelb und ½ Glas lauwarmes Wasser geben, alles durchkneten, die Butter einarbeiten. Ausrollen, zusammenschlagen und 1 Stunde ruhen lassen. Auf halbe Fingerdicke ausrollen.

Die Äpfel schälen und in Scheiben schneiden, in eine hohe Form geben, kleingeschnittene Butter und Zucker darüberstreuen, mit dem Teig bedecken. Im heißen Ofen 45 Minuten garen, auf eine Platte stürzen.

Gâteau de pommes

Apfelkuchen

1 Pfund Zucker in etwas Wasser langsam erhitzen, bis ein dicker Sirup entsteht. In diesen Sirup 1 kg geschälte und in feine Scheiben geschnittene Äpfel sowie die ganze Schale einer Zitrone geben und so lange kochen, bis die Konsistenz eines Gelees erreicht ist. Eine Form ausbuttern, eine Schicht Äpfel hineingeben, mit Johannisbeergelee bestreichen, eine neue Schicht Äpfel hineingeben usw., bis alle Äpfel aufgebraucht sind. Mit etwas Rum begießen. Die Zitronenschale herausnehmen. ¼ Stun-

de im Wasserbad kochen. Abkühlen lassen. Stürzen.

Pommes flambées

Flambierte Äpfel

Die Äpfel schälen, das Kerngehäuse ausstechen. In Zuckerwasser garen. Sie sollen fest bleiben. In die Anrichteschale geben, die Löcher mit Himbeer- oder Johannisbeergelee verzieren. Den Sirup in der Kasserolle gut eindicken, über die Äpfel geben, mit Cognac begießen, flambieren.

Pommes frites

Fritierte Äpfel

Geschälte Äpfel in Scheiben schneiden. Mehrere Stunden in Schnaps und Zucker marinieren. Abtropfen lassen, durch Mehl ziehen und in Butter fritieren, bis sie goldgelb sind.

Pommes aux pistaches

Äpfel mit Pistazien

6 große Äpfel schälen, einen Sirup herstellen, mit Vanille aromatisieren. Die Äpfel darin garen, herausnehmen, in eine Schüssel geben, abkühlen lassen. Den Sirup eindikken. Die Äpfel mit Pistazien spicken und mit dem Sirup übergießen. Kalt servieren.

Pommes meringuées

Apfelkompott mit Meringue

In eine feuerfeste Form dickes Apfelkompott pyramidenförmig einschichten, mit sehr steif geschlagenem, gezuckertem und mit Zitronenschale parfümiertem Eiweiß bestreichen, bei niedriger Temperatur im Backofen festwerden lassen. Warm servieren. Sehr gut schmeckt es, wenn man getrocknete Pflaumen zu dem Kompott gibt.

Beignets de pommes

Apfelkrapfen

250 g Mehl auf die Arbeitsplatte sieben, 2 Eigelb, 1 EL Schnaps und etwas Salz in die Mitte geben, gut miteinander verkneten, etwas Milch hinzufügen, bis der Teig geschmeidig und glatt, aber relativ dick ist. Ruhen lassen. 6 große, säuerliche Äpfel schälen, das Kerngehäuse entfernen, in Scheiben schneiden, in dem Teig wenden und ausbacken. Mit Zucker überstreut servieren.

Pêches à la Bourdaloue

Pfirsiche »Bourdaloue«

6 große Pfirsiche, 400 g Kristallzucker, 1 Vanilleschote, 6 Eigelb, ½ l Milch, 4 Makronen, Mehl.

Die Pfirsiche mit kochendem Wasser überbrühen, schälen und halbieren. Aus

300 g Zucker, der Vanilleschote und ½ l Wasser einen Sirup zubereiten. Die Pfirsichhälften in dem kochenden Sirup marinieren.

Aus dem Eigelb, 50 g Zucker und 1 gehäuften EL Mehl eine Konditorcreme zubereiten; alle Zutaten bei kleiner Flamme gut miteinander vermischen und mit der kochenden Milch nach und nach strecken. Sobald die Creme die ersten Blasen wirft, vom Herd nehmen, abkühlen lassen. In eine feuerfeste Form eine Schicht kalte Creme geben, die Pfirsichhälften darauflegen, mit dem Rest der Creme bedecken.

Aus den zerstoßenen Makronen und dem restlichen Zucker einen Krokant herstellen, über die Creme geben, mit Butterflöckchen bedecken. Im Ofen gratinieren und heiß, aber nicht kochend servieren.

Clafouti

Verlorene Kirschen

1 Pfund Kirschen, 125 g Mehl, 100 g Zucker, 2 Eier, Milch, 1 EL Butter.

Die Kirschen entsteinen (man muß die Steine nicht unbedingt entfernen; sie geben einen guten Geschmack ab). Aus 50 g Zukker, den Eiern, dem Mehl, 1 Prise Salz und 1 großen Glas Milch eine Art Crêpe-Teig herstellen, der nicht zu flüssig sein darf. Eine gezackte Kuchenform ausbuttern, die Kirschen hineingeben (sie sollen eng aneinandergepreßt liegen), mit dem Teig bedekken. Den restlichen Zucker darüberstreuen. Ca. 45 Minuten im heißen Ofen backen.

Pain de cerises

Kirschbrot

5 EL Mehl mit 2 Gläsern Wasser und 1 Prise Salz verrühren, mit 1 Pfund entkernter Kirschen vermengen, in eine gebutterte, feuerfeste Form geben und mit erbsengroßen Butterstückchen bedecken. 1 knappe Stunde in den heißen Ofen schieben.

Pie aux cerises

Kirsch-Pie

Aus 150 g Mehl, 75 g Butter, 1 Prise Salz und etwas Wasser einen sehr geschmeidigen, aber festen Teig zubereiten. Mit ⅔ des Teiges eine Soufflé-Form auskleiden. Die entsteinten Kirschen in Zucker wälzen und in die Form geben. Aus dem restlichen Teig einen Deckel formen, den Rand befeuchten und fest andrücken. Aus Karton einen »Kamin« rollen und durch den Deckel stoßen, damit der Dampf beim Garen entweichen kann. 1 Stunde bei mittlerer Hitze backen. Heiß mit Sahne servieren.

Mousse aux fraises

Erdbeer-Mousse

250 g Erdbeeren durch ein Sieb drücken, den Saft auffangen, je nach Geschmack mit Zucker vermischen. Diesen gezuckerten Saft mit sehr steif geschlagenem Eischnee (von vier Eiern) vorsichtig vermischen. Die Masse in eine gebutterte Form geben und 10 Minuten in den schwach geheizten Ofen geben. Sofort servieren.

Daube de bananes

Bananen in Rotwein

Pro Person 1 Banane schälen und der Länge nach halbieren. Auf beiden Seiten in heißer Butter anbraten. Guten Rotwein mit 3 EL Zucker und 1 Prise Zimt pro ½ l Wein zum Kochen bringen, 10 Minuten köcheln lassen, über die Bananen gießen, die ganz bedeckt sein müssen, weitere 10 Minuten köcheln lassen. Heiß servieren.

Bananes au gratin

Gratinierte Bananen

Für 6 Personen.

6 Bananen, ⅓ Tasse Zucker, 2 EL zerlassene Butter, 2 EL Zitronensaft.

Die Bananen der Länge nach vierteln, in eine feuerfeste Form geben. Den Zucker mit dem Zitronensaft verrühren, die Hälfte davon über die Bananen gießen. Im heißen Ofen 20 Minuten backen, dabei häufig mit dem Rest der Sauce übergießen. Nach Belieben heiß oder kalt servieren.

La glace à la banane

Bananeneis

½ l Milch, 5 Eigelb, 250 g Zucker, 150 g Sahne, 1 TL Stärkemehl, 1 Prise Salz, 4 Bananen.

1. Eine Eismaschine mindestens ¼ Stunde vor Arbeitsbeginn mit abwechselnden Schichten aus Eis, Meersalz und Salpeter umgeben.

2. Die Grundcreme herstellen: Die Milch mit der Prise Salz zum Kochen bringen. Unterdessen in einer Schüssel das Eigelb, den Zucker und das Stärkemehl mit einem Holzlöffel so lange durcharbeiten, bis die Masse weiß wird und schäumt. Etwas kochende Milch unter Rühren einarbeiten. Mit dem Rest der Milch in einen Kochtopf aus Kupfer umfüllen und bei sanfter Hitze unter stetigem Umrühren so lange auf dem Herd lassen, bis die Masse cremig wird. Nicht kochen lassen. Sobald die Creme am Löffel haften bleibt, vom Herd nehmen. Abkühlen lassen.

3. Die Bananen schälen und mit einer Gabel zerdrücken, bis man ein Püree erhält. Durch ein festes Sieb drücken. Mit der kalt gewordenen Creme vermischen und vorsichtig die Sahne unterziehen. Mit dem Schneebesen durcharbeiten.

4. Diese Masse in die Eismaschine auf Eis geben. Mit einem runden Papier bedecken, den Deckel auflegen. Die Kurbel der Maschine mindestens 30 Minuten betätigen, bis das Eis fest wird.

5. Die Eismaschine öffnen und die bereits zu Eis werdende Masse in eine gezuckerte Kastenform umfüllen, und dabei mit einem Holzlöffel fest auf die Oberfläche pressen, damit keine Lufttaschen im Eis entstehen. Die Form mit einem Papier bedecken und 1 Stunde in einen mit Eis und Salz gefüllten Behälter geben, bis das Eis fest wird.

6. Kurz vor dem Servieren die Form aus dem Behälter nehmen, zuerst kalt und dann kurz heiß abspülen und auf eine Anrichteplatte stürzen, die man mit einem Papierdeckchen belegt hat.

Brioche aux reines-claudes

Brioche mit Reineclauden

In eine feuerfeste Form gebutterte Brioche-Scheiben einschichten. Mit Reineclauden-Hälften bedecken und mit Zucker überstreuen. 15 Minuten bei mittlerer Hitze im Ofen überbacken.

Groseilles cardinal

Johannisbeeren »Kardinal«

Für 6 Personen.

250 g rote und 250 g weiße Johannisbeeren entstielen. 200 g Himbeeren putzen, durch ein Sieb drücken, den Saft auffangen, mit dem Saft einer Zitrone vermischen, 200 g Zucker darin auflösen. Diesen Himbeer-Zitronensaft über die Johannisbeeren gießen und kalt servieren.

POUR CONSERVER LES GRAPPES DE RAISIN

Wie man Weintrauben konserviert

Die Weintrauben an einer Schnur bei Sonnenschein im Freien, ansonsten in der Vorratskammer aufhängen. Der Ort soll möglichst warm und absolut trocken sein. Wenn man sie in einem geschlossenen Raum konserviert, muß man auf gute Lüftung achten. Trauben, die erste Anzeichen von Fäulnis aufweisen, sofort entfernen.

POUR SECHER LES RAISINS

Wie man Weintrauben trocknet

Holzkohle 2 Stunden in Wasser kochen, durch ein Tuch filtern, das Holzkohlenwasser einkochen lassen. Gesunde Weintrauben eintauchen. Mit einer Traube einen Versuch unternehmen: wird die Haut der Beeren nicht sofort runzelig, das Holzkohlenwasser noch weiter konzentrieren. Die Trauben mit klarem Wasser abspülen. An einem trockenen, gut gelüfteten Ort aufhängen. Bevor man sie verwendet, mehrmals waschen und mit lauwarmem Wasser vollsaugen lassen.

Rechts: **Das Bananen-Eis wird zum Abschluß des reichhaltigen Mittagessens zu Weihnachten serviert (Rezept S. 175).**

KUCHEN ZUM TEE

Scones

Scones

250 g Mehl, 10 g englische Hefe (baking powder), 1 Glas Milch, 2 EL Butter.

Das Mehl mit der Hefe und 1 Prise Salz vermischen. Die Milch hinzugeben und zu einem glatten, nicht zu festen Teig verkneten. Auf einer bemehlten Arbeitsplatte ausrollen und mit einem Glas Scheiben ausstechen. 1/4 Stunde im heißen Ofen backen, noch warm servieren. Die Scones werden aufgeschnitten und mit Butter bestrichen.

Pain de Gènes

Genueser Brot

300 g Zucker, 250 g Mandeln, 5 Eier, 100 g Mehl, 125 g Butter, 1 Likörglas Kirschwasser.

Die Butter zu einer Creme rühren (notfalls dabei erwärmen), mit dem Zucker vermischen, bis dieser sich völlig aufgelöst hat und die entstehende Masse glatt ist. Die ganzen Eier Stück für Stück unter ständigem Rühren einarbeiten. Die Mandeln fein mahlen und zusammen mit dem Kirschwasser in den Teig rühren. Erst zum Schluß das Mehl einarbeiten. Eine flache Form ausbuttern, den Teig einfüllen und bei mäßiger Hitze ca. 40 Minuten backen.

Madeleines au citron

Zitronen-Madeleines

Für 1 Dutzend Madeleines benötigt man: je 125 g Butter, Mehl und Zucker, 4 Eier, 1 Zitrone.

Die Butter weich werden lassen. In einer Schüssel Butter, Zucker und Eigelb miteinander verrühren, bis die Masse weiß wird. Das Eiweiß nicht zu fest schlagen, löffelweise Eischnee und Mehl in das Butter-Zukker-Eigelb-Gemisch einarbeiten. Etwas feingehackte Zitronenschale unterziehen. Die Madeleine-Förmchen buttern und mit Mehl bestäuben. In jede Form 1 TL Teig geben. 10 Minuten im heißen Ofen backen; auf keinen Fall länger als 15 Minuten, da die Madeleines sonst trocken werden.

Links: **Scones, Genueser Brot und Kastanienkuchen sind Claude Monets Lieblingsgebäck.**

Gâteau à l'orange

Orangenkuchen

100 g Mandeln, 100 g Mehl, 100 g Zucker, 2 Eier, 1 Orange.

Die Mandeln schälen und mahlen. Zukker und Eigelb gut miteinander verrühren, bis die Masse schaumig wird. Den Saft der Orange, die gemahlenen Mandeln und das Mehl nach und nach einarbeiten. Das Eiweiß steif schlagen und unter den Teig ziehen. In eine gebutterte, längliche Kuchenform füllen und bei milder Hitze 30 Minuten backen.

Toasts à la canelle

Zimttoasts

Für 1 Dutzend Toasts benötigt man: 200 g Butter, 150 g Zucker, 5 EL Zimt.

Butter, Zucker und Zimt gut miteinander verkneten. Die Toast-Scheiben damit bestreichen. Im heißen Ofen backen. Heiß servieren.

Galettes aux marrons

Kastanien-Galettes

250 g Kastanien-Püree, 125 g Butter, 125 g Zucker, 3 Eier.

Die Butter vorsichtig zergehen lassen, mit dem Kastanien-Püree, dem Zucker, dem Eigelb und zum Schluß dem steifgeschlagenen Eiweiß vorsichtig vermengen. Kleine, runde und flache Förmchen ausbuttern, den Teig hineingeben, 20 Minuten bei mittlerer Hitze backen.

Palets au miel

Honigplätzchen

2 Eier, 125 g Zucker, 70 g Honig, 150 g Mehl.

Die ganzen Eier mit dem Zucker verrühren, dabei 5 Minuten lang kräftig mit dem Schneebesen arbeiten, den Honig einarbeiten und nach und nach das Mehl unterziehen. $^1/_2$ Stunde ruhen lassen. Kleine Häufchen auf ein gebuttertes Backblech setzen, in den schwach vorgeheizten Ofen schieben und herausnehmen, sobald sie gebräunt sind.

Cake

Teekuchen mit kandierten Früchten

80 g Butter in einem Wasserbad weich werden lassen. Mit der gleichen Menge Zucker kräftig verrühren. 2 ganze Eier nacheinander einarbeiten, dabei weiterhin heftig rühren. Mit 2 EL Rum abschmecken. 50 g Rosinen und die gleiche Menge gewürfelte kandierte Früchte unterziehen und anschließend nach und nach 150 g Mehl einarbeiten. In eine längliche, gebutterte Kuchenform geben und bei sanfter Hitze 20 Minuten backen. Mit einer Stricknadel prüfen, ob der Kuchen gar ist.

Gâteaux nantais

Nantaiser Kekse

150 g Mandeln häuten und mahlen. 1 Pfund Mehl auf die Arbeitsplatte sieben, in die Mitte 250 g Zucker, 125 g Butter, die gemahlenen Mandeln, die geriebene Schale von 2 Zitronen und 4 ganze Eier geben. Alle Zutaten miteinander verkneten. Der Teig darf nicht zu weich sein. Einige Millimeter dick ausrollen. Mit einem Glas Scheiben ausstechen, auf ein gebuttertes Backblech geben. Jeden Keks mit gehackten Mandeln und Zucker bestreuen und bei sanfter Hitze backen.

Crêpes (Caroline)

Crêpes (Caroline)

250 g Mehl, $^1/_2$ l Milch, 3 Eier, Öl, Cognac.

Alle Zutaten miteinander vermengen. Ist der Teig zu hell, 1 Ei unterziehen, ist er zu fest, mit Milch strecken. 3 Stunden ruhen lassen (das Eiweiß kann man zu festem Schnee schlagen und vor der Ruhezeit unter den Teig ziehen). Die Crêpes mit etwas Butter in einer Pfanne dünn ausbacken.

Pain Perdu

Verlorenes Brot

Für 4 Personen.

4 Scheiben altbackene Brioche in Milch tauchen, die mit 2 EL Zucker und 2 EL Rum aromatisiert wurde. Sie sollen nur feucht werden, nicht durchweichen. 2 Eier wie für ein Omelett verrühren, die Brioche-Scheiben darin wälzen. In einer großen Pfanne in reichlich Butter von beiden Seiten braten, großzügig mit Zucker bestreuen, heiß servieren.

Petit pains (Millet)

Milchbrötchen

500 g Mehl. Etwas Bäckerhefe in lauwarmem Wasser auflösen, in eine Schüssel geben. Mit etwas Mehl verarbeiten, eine Kugel formen und anschließend den Rest des Mehls einarbeiten.

Vorab 1 Tasse Milch erwärmen, mit 5 EL Zucker oder 8 bis 10 Würfelzucker, 10 g Salz, 40 g Butter und 2 ganzen Eiern gut vermengen. Zu dem Teig geben und durcharbeiten, bis sich dieser vom Schüsselrand mühelos löst.

Auf die mit Mehl bestäubte Arbeitsfläche geben und in Stücke von der Größe einer Zigarre aufteilen (ungefähr 30 Stück).

3 Stunden an einem warmen Platz in der Küche gehen lassen. Auf ein bemehltes Backblech geben, mit einem Gemisch aus Milch und Eigelb bestreichen und im heißen Ofen 10 Minuten backen.

KONFITÜREN

Gelée de groseille à froid

JOHANNISBEERGELEE (KALT HERGESTELLT)

Rote Johannisbeeren zerstampfen und durch ein Tuch drücken; den Saft auffangen.

Den Saft abwiegen; die gleiche Menge Kristallzucker abmessen.

Den Zucker langsam in den Saft rieseln lassen und dabei rühren, als ob man eine Mayonnaise herstellen wollte. Wenn sich der Zucker aufgelöst hat, noch gut 10 Minuten weiterrühren, am besten mit einem silbernen Löffel.

In Gläser füllen; weiterrühren. Die Arbeit läßt sich leichter zu zweit erledigen. Die Gläser an einen kühlen und trockenen Platz stellen und erst nach 2 Tagen verschließen.

Confitures de prunes

PFLAUMENKONFITÜRE

Schöne, nicht zu reife Pflaumen wählen, halbieren, den Kern entfernen, abwiegen. Für 500 g Pflaumen rechnet man 600 g Zucker. Den Zucker in einem Kupferkessel erhitzen, bis er große Blasen wirft, dann soviel Pflaumen hineingeben, daß der Boden ganz bedeckt ist. Sobald sie gar sind – sie werden durchsichtig und geben, wenn man sie zwischen den Fingern drückt, leicht nach –, den Kessel vom Herd nehmen, die Pflaumen mit einer Gabel herausnehmen und in Gläser füllen.

Den Kessel auf den Herd zurückstellen, den Zucker wieder große Blasen werfen lassen, weitere Pflaumenhälften hineingeben. Die Operation so lange wiederholen, bis alle vorbereiteten Pflaumen gegart sind. Den Zucker ein letztes Mal aufkochen und dabei allen Sirup, der in die Pflaumengläser geflossen sein mag, hinzugeben, kräftig durchkochen lassen und über die Pflaumen gießen. Die obere Lage der Pflaumen dabei mit einer Gabel leicht anheben, damit der Zucker überall hinfließen kann.

Auf die gleiche Weise kann man auch Aprikosenkonfitüre herstellen.

K O N S E R V E N

Conserves de cerises

KIRSCHKONSERVEN

Die Einmachgläser gut säubern. Früchte, die viel Saft abgeben wie Johannisbeeren, Kirschen oder Erdbeeren sollen in die Gläser bis an den oberen Rand geschichtet werden. Nur sehr wenig Wasser hinzufügen. Die Gläser verschließen, den Sicherheitsbügel umlegen, aufrecht in den Kessel stellen, auf dessen Boden man ein Tuch gelegt hat. Mit kaltem Wasser bis zum Hals der Gläser auffüllen. Den Kessel zudecken, auf den Herd stellen und sieden lassen. Die Vorsichtsmaßnahmen sind notwendig, denn sonst könnten die Gläser platzen. Nach der Sterilisier-Zeit, bei Kirschen rechnet man mit 20 Minuten ab dem Siedepunkt, die Gläser in dem Kessel auskühlen lassen. Die Deckel der Gläser sollten jetzt hermetisch verschlossen sein.

Cerises à l'eau-de-vie

KIRSCHEN IN ALKOHOL

Schöne, dunkle Kirschen aus Montmorency wählen, die Stiele halb abschneiden, in ein Einmachglas einschichten, 125 g Zucker pro 500 g Kirschen hinzufügen und mit Schnaps auffüllen. Der Pokal muß nicht in die Sonne gestellt werden, auch nicht bei anderen Früchten. Nach 2 Monaten sind sie fertig. Einen klaren Schnaps nehmen (am besten Kirschwasser oder Wodka).

Conserves de Cèpes (Durand-Ruel)

STEINPILZKONSERVEN

Schöne, frische, tadellose Steinpilze wählen, gut waschen und bürsten, Wasser dabei mehrmals wechseln, so daß die Pilze völlig von Sand und Erde befreit sind. Auf ein Tuch geben; eine ganze Nacht trocknen lassen, anschließend mit wenig Salz in Blechdosen einschichten. Die Dosen hermetisch verlöten; anschließend in einen Kessel mit Wasser geben und 3 Stunden kochen.

REGISTER

SUPPEN UND EINTÖPFE

EIERGERICHTE

SAUCEN

Einige Rezepte geben, wie es bei persönlichen Rezeptsammlungen ja häufig der Fall ist, nicht als erstes eine Liste der benötigten Zutaten an. Manchmal fehlen genaue Mengenangaben auch ganz, da sie je nach Wunsch, Notwendigkeit oder Bedarf variiert wurden. Obwohl das ein Nachkochen natürlich erschweren kann, haben wir uns absichtlich an den Originaltext und -ton gehalten.

Das gleiche gilt aus einleuchtenden Gründen für die stets fehlenden Backofentemperaturen.

Eine Pinte: 0,93 l.

VORSPEISEN

GEFLÜGEL

FLEISCHGERICHTE

WILD

FISCHGERICHTE

NACHSPEISEN

KUCHEN ZUM TEE

KONFITÜREN

KONSERVEN

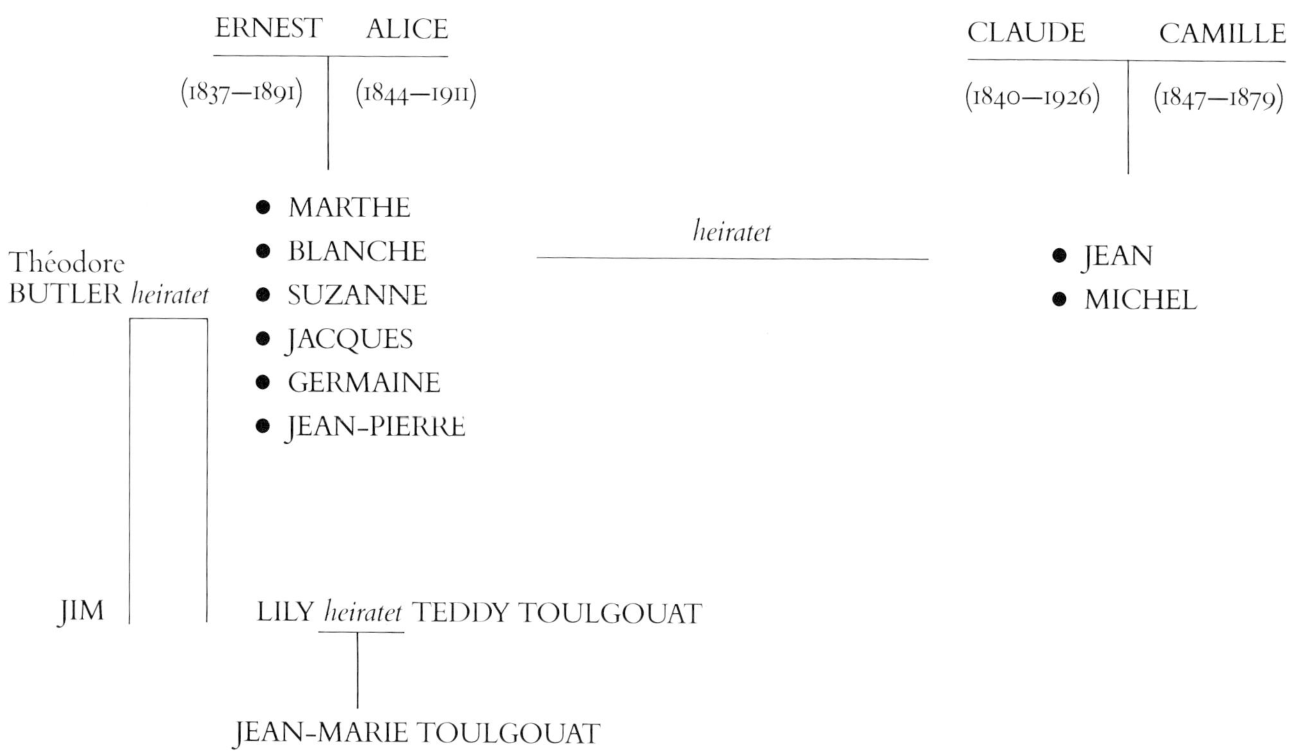
ERNEST
ALICE
(1837—1891)
(1844—1911)
CLAUDE
CAMILLE
(1840—1926)
(1847—1879)
MARTHE
BLANCHE
SUZANNE
JACQUES
GERMAINE
JEAN-PIERRE
heiratet
JEAN
MICHEL
Théodore BUTLER heiratet
JIM
LILY heiratet TEDDY TOULGOUAT
JEAN-MARIE TOULGOUAT